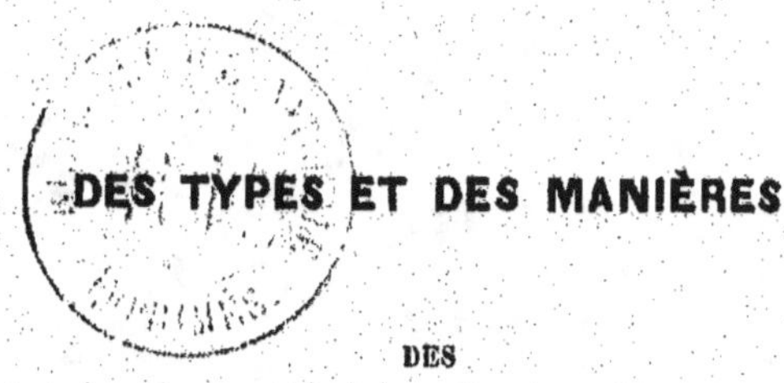

DES TYPES ET DES MANIÈRES

DES

MAITRES GRAVEURS.

DES TYPES ET DES MANIÈRES

DES

MAITRES GRAVEURS

POUR SERVIR A L'HISTOIRE DE LA GRAVURE

En Italie, en Allemagne, dans les Pays-Bas et en France;

PAR

JULES RENOUVIER.

XVIᵉ ET XVIIᵉ SIÈCLES.

DEUXIÈME PARTIE.

MONTPELLIER

BOEHM, IMPRIMEUR DE L'ACADÉMIE, PLACE CROIX-DE-FER

1856

DES TYPES ET DES MANIÈRES DES GRAVEURS

SEIZIÈME ET DIX-SEPTIÈME SIÈCLES.

ÉCOLES HOLLANDAISES.

XXV.

Goltzius et ses élèves.

1. La Hollande, que nous avons laissée s'arrachant à l'étreinte de Philippe II, avait cependant consolidé sa révolution. Les Provinces-Unies avaient fondé leur république, grâces à des circonstances bien difficiles à rencontrer : la constance du peuple, le génie politique d'un grand citoyen et le caractère désintéressé d'un prince. Cet État naissant ne peut plus être confondu, comme dans la période précédente, avec la Flandre ; débarrassés une fois du joug catholique qu'apportait l'Espagne, et retrempés par un gouvernement libre, des artistes s'y montrèrent, doués du génie aventurier et énergique de la race batave. Alors que ses marins donnaient à la Hollande les Indes orientales, que ses poètes et ses his-

1

toriens lui faisaient une langue et une littérature, ses artistes parvinrent à créer une École qui reprit, dans des conditions nouvelles et toutes locales, les avantages de la renaissance, et aboutit à exprimer la nature comme on ne l'avait pas fait encore.

HENRI GOLTZ ou GOLTZIUS fut de ceux qui savent puiser dans leur époque un type, le transformer dans leur manière, le consacrer par la vigueur et la fécondité de leur travail. Né en 1558 à Murbrach, dans le comté de Juliers, d'une famille de peintres verriers, petit-fils ou neveu de Hubert Goltzius que nous avons vu dans l'École de Lombard, il produisit ses premières estampes à Harlem : *Le Portrait de Johan Goltz*, A⁰ 1578, et *L'Enfant monstreux*, 1579; elles sont gravées d'une manière minutieuse et sèche. Il montra bientôt un travail plus ferme dans des suites publiées chez P. Galle, d'après Stradan et Blockland : *Le Jugement dernier, L'Histoire de Lucrèce*, sont faites dans la manière régnant alors dans l'atelier d'Anvers. Mariette, qui reproduit dans plusieurs de ses notes l'opinion commune d'après laquelle Goltzius aurait appris la gravure de Cuerenhert, a reconnu ensuite qu'il était le disciple de Philippe Galle. Mais, dès 1582, tout en restant asservi aux pratiques serrées des burinistes, il sut se montrer dessinateur inventif, en composant des emblèmes figurés par des couples hardiment agencés : *Labor et Diligentia*, *Ars et Vsus*, etc.; dans cette dernière estampe, l'art, génie féminin aux formes sèches mais ne manquant pas d'attrait, enseigne un apprenti. Il eut aussi les qualités d'un fin graveur dans de petites pièces, *Madeleine*, *Suzanne*, où son burin traite les chairs d'une manière aussi caressante que Wierix.

La légende biographique de Goltz rapporte qu'il alla en Allemagne et en Italie. Était-il à Venise, en 1584, lorsqu'il a gravé *La Cène* de Paul Véronèse, et d'après Dietrich Barent l'estampe appelée *Le Bal de Venise* : *Hic Antenorei connubia magna senatus — patricios vides cœtus Venetosque hymeneos*, où sa manière semble s'assouplir pour rendre les splendides et sérieuses beautés de la ville des lagunes ? Était-il à Munich, en 1585 et 1587, lorsqu'il a gravé d'après Spranger, *Adam et Ève, La Sainte famille à la poire*, et d'autres pièces ? Il est certain qu'il paraît acquis dès-lors au dessin le plus mouvementé, à la gravure la plus prestigieuse. Il vit Rome en 1592 et y grava, avec toute la mesure dont il était capable, le *Saint Augustin* de Raphaël à l'église Saint-Augustin, *Les Sibylles* de Polidore, hors de la porte Saint-Ange, et *Les Muses* dédiées à son ami Jean Sadeler; mais ni ces traductions, pour si italiennes qu'il ait pu les faire, ni l'étude des statues antiques, ne changèrent rien à sa manière fortement trempée; elle se plia aux façons des plus forts burinistes, imita, avec un égal succès et dans des compositions capitales, Albert Durer, Lucas de Leyde et Corneille Cort; mais elle revint toujours à ses façons propres, qui sont celles d'un maître plus enclin à donner des leçons qu'à en recevoir. A Rome même, il séduisit quelquefois Villamena.

Si nous voulons nous rendre compte de la gravure de Goltz, ne nous attachons pas seulement aux six estampes de *La Vie de Jésus-Christ*, qu'il a exécutées en 1593 et 1594, d'après des maîtres de toutes les Écoles, et qui sont appelées ses chefs-d'œuvre, parce qu'il y atteignit une puissance de ciselure merveilleuse; aux *portraits* si bien remarqués par Mariette; aux *Titans* d'après Cornelis de Harlem, et aux *Culbuteurs*, où son burin exécute des tours de force. Considérons surtout les inventions où il a mieux suivi son penchant, et les figures où il a imaginé ses types. Il a fait un Christ au front bombé et à la chevelure ondoyante, qui exagère tous les types connus; des Vierges et des Madeleines qui ont les formes les plus ressenties et l'expression la plus mondaine. On ne distingue presque pas chez lui les Saints des profanes, tant il met dans ses types d'ardeur et de chair. Sa Vénus est le plus piquant laideron que jamais dessinateur ait imaginé : les yeux y sont pincés, les extrémités trifides et tous les traits y présentent un singulier accord de formes grasses et nerveuses. Il faut renoncer à faire connaître dans leur bigarrure les femmes de Goltzius : *Junon* qu'il a faite brune et camarde, *Diane* blonde et fluette, *Galatée* massive et oblique, et cette multitude d'allégories dans toutes les attitudes, exprimant toutes les recherches et aussi toutes les déviations de la beauté. Heureusement que son burin, savant et compassé en même temps que vif et chaleureux, leur donne du charme. Les professeurs ont toujours blâmé la manière de Goltzius, ils ont bien fait pour la règle; les curieux l'ont toujours prisée, ils ont bien fait encore, car un tel genre ne se rencontre pas deux fois dans l'histoire de la gravure : il est resté le prototype de la singularité;

il est venu à propos dans un pays qui s'initiait, par les découvertes de ses marins, aux variétés de produits d'un autre monde.

Harlem ne suffit pas pour expliquer les types de Goltzius; les belles hollandaises que le graveur portraita dans sa jeunesse : *Charlotte de Bourbon femme du prince d'Orange*, et *Damoyselle Franchoyse d'Egmont*, dont les traits placides furent rendus dans la manière la plus froide et la plus polie de Wierix, ne l'inspirèrent pas ; mais dans ce temps les navires de Houtman, revenant de Java, en avaient rapporté des produits excentriques, et sans doute quelques filles à la peau luisante et aux yeux bridés, dont l'artiste se trouva féru. Bien qu'il y ait quelques traits de la beauté goltzienne dans les poètes du cru, et notamment dans les Devoirs du mariage du grand pensionnaire Cats :

> *Sunt mihi quæ possunt geminos nutrire papillæ*
> *Quique valent partum sustinuisse sinus* [1];

la poésie hollandaise est alors trop asservie aux formes classiques, pour se prêter aux mêmes innovations que le dessin. Je trouve le type de Goltzius plus ingénument reproduit dans cette description poétique d'une Rougging javanaise : « Ses yeux sont étincelants; ses lèvres sont de la couleur de l'écorce fraîche de mangoustan ; ses bras sont comme un arc; ses doigts, longs et flexibles, ressemblent aux épines de la forêt; ses ongles sont des perles ; sa peau est d'un jaune éblouissant ; sa démarche est majestueuse comme celle d'un éléphant [2]. »

L'œuvre de Goltzius contient des pièces sur bois imprimées à plusieurs teintes; elles ne sont pas égales, et plusieurs ne sont faites que sur ses dessins; mais il y en a qui, par leur maîtrise, prouvent qu'il ne dédaigna pas de mettre la main à l'échoppe du tailleur de bois, même à l'apposition des teintes. Il trouvait dans sa propre famille les traditions de ces procédés. La facture de ses camaïeux indique qu'il ne les exécuta qu'après avoir connu ceux de l'Italie, mais sa manière y prend une fougue extraordinaire: *Hercule*, *Neptune*, *Vénus*, la font ressortir par tous les artifices

---

[1] *Officium puellarum in castis amoribus*. Midelburgh, 1618.
[2] *Description de Java*, par sir Raffles. Bruxelles, 1824, in 4°, pag. 65.

du clair-obscur. *La Nuit*, sur son char, traînée par des chauves-souris, montre sous des mirages fantastiques la beauté, venue peut-être des îles de la Sonde, mais bien faite pour plaire à des amateurs qui se passionnent jusqu'au fanatisme pour la tulipe Amiral Leifken.

2. Plusieurs autres Goltz gravèrent : Julius, fils de Hubert, Conrad, Jacques ; aucun d'eux ne porta dignement son nom. La famille véritable de Henri se compose de ceux qui suivirent sa manière ; les talents n'y manquèrent point.

Jacob Mathan, de Harlem, dont Goltzius épousa la mère, dessinateur habile mais peu inventif, et d'un tempérament plus doux, suivit d'abord la manière de son maître, qu'il mitigea par une fréquentation plus grande des maîtres italiens et par une liaison avec Bloémaert. Étant resté assez longtemps à Rome, il mit son burin au service de toutes les affectations machinistes et dévotes : académiste avec le Josepin, mielleux avec Poccetti, dramatique avec Zuccaro, extatique et jésuite avec le père Valeriano et maniérisant à l'occasion Raphaël et Titien. Assez pauvre dans ses inventions, Mathan montra surtout l'agrément de son burin avec les maîtres de son pays : Goltzius, qui lui fournit les plus jolis sujets ; Spranger et Bloémaert, avec lesquels il sympathisa si bien qu'on a de la peine à lui trouver une manière personnelle. On pourrait peut-être le définir, un Goltzius édulcoré. Ce n'est point un des moindres tours d'adresse de cette École, que d'avoir prêté de sa manière à celle des jésuites romains.

3. Jacob de Gheyn *le vieux*, d'une famille de verriers d'Anvers, peintre et de plus graveur de gemmes et miniaturiste, travailla dès 1589 d'après Crispin van den Broeck et Karel van Mander ; ses premiers ouvrages sont d'une facture sèche et petite. Il gagna bientôt la Hollande, et dans des pièces de sa composition ou de celle de Van Mander, de Cornelis de Harlem, de Barent d'Amsterdam et de Bloémaert, il suivit une voie analogue à celle de Goltzius, ayant autant d'excentricité, moins de portée comme dessinateur, et plus de sécheresse comme graveur. Il grava chez ce dernier, ou d'après lui, un petit nombre de pièces ; mais je ne vois pas qu'il ait été directement son disciple. Ses estampes les plus saillantes furent

des compositions fantastiques ou locales : *Le Sabat des sorcières*, *Les Masques*, *Les Soldats* et des allégories satyriques et morales prises dans les passions hollandaises du temps; la fermeté et la verve de son travail y éclatent en toute liberté. Il fit aussi des portraits caractéristiques, au nombre desquels le grand Philippe de Marnix, flamand adopté comme lui par la nouvelle république, qui mourut en 1598 à Leyde, où le graveur s'était établi. Il eut un fils du même prénom, travaillant en 1616, qui accentua sa manière en l'appesantissant. Dessinateur très-fini, et se servant adroitement de l'eau-forte, où sa pointe procède par des travaux ras, usités alors par d'autres hollandais, JACOB DE GHEYN *le jeune* trouva moyen de donner un degré de plus à la bizarrerie de ses figures allégoriques; il idéalisa la pesanteur. Son chef-d'œuvre est *Le Sommeil* assis et emmantelé au milieu des vapeurs : *Le sommeil dont l'apast égale charitable le bouvier et le roy*..... Pour représenter les *Sept sages de la Grèce* aussi bien que *Les Apôtres*, il fit poser probablement les rabbins les plus chenus et les plus madrés des synagogues d'Amsterdam.

Il y a ensuite, de la même famille, un Jean et un Guillaume de Gheyn qui gravèrent; mais ceux-ci se dispersèrent, l'un en Italie du côté de Tempesta, l'autre en France du côté d'Abraham Bosse.

4. BARTOLOMŒUS et ZACHARIAS DOLENDO, de Leyde, paraissent frères par leur manière, l'un plus dessinateur, l'autre plus fin graveur. Ils commencèrent tous deux par suivre Van Mander, Goltzius et Jacques de Gheyn, s'essayèrent même à Spranger et à Bloémaert; mais ils furent bornés, par la timidité de leur talent, à ne prendre que de loin les façons hardies de leurs maîtres. Au nombre de leurs pièces originales, *Le Repas champêtre musical et biblique* de Barthélemy a du caractère; dans un autre ton, *Andromède* de Zacharie a du charme. Comme on voit rarement des dates aux estampes peu nombreuses de ces artistes, je citerai encore ici, pour leurs dates et pour leur intérêt : de Zacharie, *Le Portrait de Guillaume d'Orange*, en 1581 ; et de Barthélemy, *La Défaite du comte Verax à Turnhout par Maurice de Nassau*, en 1597, et *La Pentecôte*, 1629.

5. Le maître le plus charmant de cette École fut JEAN SAENREDAM, de

Leyde, qui travailla dans son pays ou à Harlem, de 1593 à 1606. Moins excentrique que Goltz, il n'alla point chercher ses modèles dans les beautés de la race jaune, il les prit à côté de lui, et s'il leur donna un prestige qu'on ne s'attend pas à trouver dans le Rhinland, ce ne fut que par l'idéal propre aux grands artistes, familier aux maîtres peintres de l'École, et inspiré d'ailleurs par l'esprit du pays. *Elenchus rerum deo auspice a confederatis Belgis præclare gestarum* est le titre d'une des plus rares estampes de Saenredam; la Concorde, symbole de la prospérité des Provinces-Unies, y marche processionnellement suivie des vertus politiques.

Saenredam fut un artiste plein de souplesse, habile à rendre le gothique Lucas, l'épais Van Mander, le doux Bloémaert, le brillant Cornelis, en se pliant à toute la manœuvre de Goltzius. Ce n'est que sur les dessins de ce maître qu'il vit l'antique, et l'on juge à quelle distance il en fut tenu. Son dessin, d'ailleurs très-correct, est entièrement local; son burin a de la finesse sans sécheresse, et de la régularité sans froideur. Sans s'arrêter à toutes ses traductions, où la part du graveur est cependant grande, où il y a des chefs-d'œuvre, comme cet *Antrum Platonicum*, estampe d'une énergie et d'un effet extraordinaires, on l'aimera mieux dans les compositions où un sujet judaïque ou grec lui servait heureusement de prétexte à rendre la figure qu'il avait dans l'esprit, dans le cœur et sous les yeux. *Lycurgue donnant des lois aux Lacédémoniens*, *Débora chantant l'action de grâces*, et particulièrement *La Parabole des vierges*, qu'il a composée avec une actualité et une liberté qui ont scandalisé le bon Zani, et qu'il a gravée avec une sûreté et une délicatesse qui n'ont trouvé que des admirateurs. Il a su mettre du talent dans les sujets les plus vulgaires, témoin l'estampe qu'il donna d'*Un Poisson monstrueux échoué en 1602 sur les côtes de Hollande*, qu'il représenta au milieu d'une multitude de curieux spirituellement agencés. Nous connaissons la personne de cet aimable graveur par le portrait d'une singulière finesse qu'a gravé, en 1602, un artiste de Harlem, Pierre Holstein, qui fut sans doute son élève; et nous trouvons dans son œuvre la fille de Leyde, qui fut son parangon de beauté : elle était blonde, avec des yeux noyés dans leurs paupières; elle avait des formes amples et fines qui se cambraient avec mollesse et prétention tout à la fois dans des draperies soyeuses et chiffonnées. Leyde s'enorgueillit à bon droit des grands artistes qu'elle a produits au XV° et au XVII° siècles ; quelles gloires en effet que Lucas et Rembrandt ! Mais elle se doit bien aussi un grain d'encens en considération des artistes originaux qui fleurirent aux plus belles années de son histoire, aux temps héroïques du bourgue-mestre Van der Werf.

6. Le vaillant atelier de Leyde produisit encore, de 1605 à 1618, les estampes de WILHELM SWANENBURCH ; il était élève de Saenredam et grava ses dessins aussi bien que ceux d'Abraham Bloémaert. Habile surtout comme buriniste, il est cité par Bosse, avec Sadeler et Villamena, pour ses *beaux traits* ; mais ce n'était point un inventeur. Les maîtres variés auxquels il eut recours, et qui ne furent pas tous de Leyde, enlevèrent de l'unité à son œuvre. Il compte des pièces capitales, comme *La Fête des vendangeurs* ; mais son intérêt le plus local est dans les portraits des professeurs de l'université de Leyde et du président Jeannin. Mirevelt avait peint d'après nature le grand ministre français, qui, après le traité des Provinces-Unies avec Henri IV, qu'il était venu conclure en Hollande, fut regardé comme un des fondateurs de la république ; Swanenburch servit par sa gravure cette popularité bien méritée.

7. Plusieurs artistes obscurs se rattachent à l'école de Goltzius ; on y trouve CLAAS CLOCK, qui prit les façons de Goltzius et les compositions de Van Mander, sans se dépouiller d'habitudes veillies ; CORNELIS DREBBEL, CLAAS BRAEU, GISBERT VAN BREEN, ROBERT DE BAUDOUS, qui ont des pièces estimables et montrent encore dans les plus faibles, combien le goût du maître s'était propagé. Les moins maussades parmi les pièces de ces graveurs, sont celles où ils ont mis en actions familières et facétieuses les adages des poètes latins et hollandais du temps.

Il y aurait à insister davantage sur CRISTOFFEL VAN SICHEN, qui se fit connaître, à Amsterdam surtout, comme le tailleur sur bois le plus habile à reproduire les dessins de Goltzius. Outre plusieurs sujets isolés et de grands portraits d'après Goltzius et Mathan, il grava les planches de cuivre de la Chronique de Hollande et les planches en bois d'une Bible de 1626. Son adresse est tout au long sur une pièce de son commerce : *Vous avez ici la mesure du chariot à voiles; on les vend à Amsterdam chez Christofle de Sichem, tailleur en bois et en cuivre, demourant près la Bourse, à l'enseigne du chariot à voiles, 1609.* Je constate, avec Brulliot, la différence de manière qu'il y a entre ces pièces et celles de Christophe van Sichem, que j'ai placé à l'École suisse; mais peut-on l'expliquer en admettant sans documents deux Christophe, le père et le fils, l'un à Bâle ou à Strasbourg, l'autre à Amsterdam? La difficulté se complique par l'intervention d'un KAROLUS VAN SICHEM, qui grava au burin dès l'âge de treize ans, une Suite d'apôtres d'après Dietrich Bernard, et *L'Hemorroïsse, H Golzius in. Karolus a Sich fecit œtat.* 13, qui doit être aussi l'auteur de deux portraits de Henri IV, l'un petit et encadré de figures allégoriques, l'autre équestre; tous deux marqués d'un prénom en monogramme K V *Sichem*, différent de celui de Christophe. Bartsch, qui a décrit parmi les bois de Christophe un portrait daté de 1607 et dessiné, dit-il, dans le goût de Lucas de Leyde, a évité de s'expliquer. Le portrait que voici : *Johan Sems anno* 1623 M F *pin. c v Sichem sculpsit,* taillé sur bois de la façon la plus habile et la plus franche, indique dans tous les cas que Christophe van Sichem était bien revenu, dans ses derniers temps, de la manière sèche des portraits de la Chronique et de la manière tourmentée des bois qu'il faisait d'après Goltzius.

8. Le dernier mot de la manière goltzienne fut dit par JEAN MULLER, d'Amsterdam. Il grava dès 1589 une Suite de la création d'après Goltzius ; il fit quelques pièces d'après Cornelis de Harlem et Bloémaert; mais le peintre qu'il suivit de prédilection, comme répondant à la fougue de son burin, fut Spranger. Rien n'égale en artifice de gravure ses belles estampes : *Persée armé pour la délivrance d'Andromède* et *L'Apothéose des arts.* Watelet a bien analysé l'aisance avec laquelle il coupe le cuivre, l'adresse avec laquelle il oblige une même taille à lui servir de première ou de seconde, pour rendre une figure entière, et son travail en losange, dit dos de maquereau ; ces pratiques, que Goltzius et les graveurs précédents avaient su varier, deviennent ici manies, et pour ajouter à la bizarrerie de l'effet, elles se prêtent aux attitudes chantournées et aux mus-

culatures outrées. Le graveur rivalisa aisément avec la sculpture en bronze et en cire d'Adrien de Vries, et il osa exécuter des têtes plus grandes que nature ; le dessin était du reste, pour lui, tout entier dans les exercices du burin. On comprend qu'il paraisse fautif dans les pièces de sa composition : étonner est son but. En gravant *Le Repos de la fuite en Égypte* et *L'Ecce homo*, il ne trouve la douceur et l'expression qu'à travers le paroxysme des lignes ; dans *Le Baptême du Christ*, les yeux louchent, les membres se boursoufflent. Je ne sais quoi de senti y attire pourtant l'œil dans le domaine des chimères, car Muller fut un de ces artistes que leur imagination emporte fort au-delà du réel. Il ne trouva pas son type aux bords du Zuyderzée, jamais on ne vit là de figure semblable à cette *Satyresse éplorée auprès d'un faune* ; mais il suivit de pratique la beauté de Spranger et de Goltzius.

XXVI.

Abraham Bloémaert. Crispin de Pans.

1. Entre tous les peintres qui fournirent des sujets aux graveurs de l'École de Goltzius, ABRAHAM BLOÉMAERT se distingua par un ascendant personnel sur le développement de l'École hollandaise, et par une intervention directe dans la gravure. Fils d'un sculpteur architecte d'Amsterdam, il avait travaillé dans sa jeunesse d'après les principes de Frans Floris ; il passa quelques années à Paris vers 1585, chez Jean Bassot maître inconnu, et chez Hery qui doit être notre Hoey, dut aussi visiter l'Italie ; mais il s'établit à Utrecht où, pendant cinquante ans, il pratiqua la peinture en tout genre avec autorité. Dessinateur savant et fécond, il n'est point exonéré des habitudes de son temps ; Spranger et Goltz agissent sur lui ; mais il a, relativement, une simplicité et un détendu qui reposent l'œil et constituent une autre manière. Il mit aussi plus de sentiment dans ses expressions ; ses Vierges ont une tendresse inconnue aux graveurs précédents, et, ce qu'on ne voit pas chez ces Hollandais, qui étaient la plupart d'effrontés matérialistes, son œuvre est en très-grande partie composée de sujets religieux, pieusement traités,

Je ne suis point étonné d'apprendre de Baldinucci, que Bloémaert était resté à Utrecht zélé catholique, en correspondance secrète avec les pères de la compagnie de Jésus. Sans que le graveur paraisse en communication avec les Maîtres ascétistes de l'Italie, *Le Repos en Égypte* 1593, *La Charité*, pièces toutes singulières par le mouvement de la pointe, ne le cèdent pas en expression à Barocci et à Salimbeni. On sait qu'il avait peint pour les jésuites de Bois-le-Duc, le célèbre tableau de l'Apparition de J.-C. à saint Ignace, qui a été gravé par son fils Cornelis.

Bloémaert grava ainsi en traits prompts et comme un dessinateur à la plume, un certain nombre de pièces qui n'ont jamais été exactement décrites [1], les amateurs leur ayant préféré toujours les gravures plus finies de ses enfants ; sans elles cependant on ne saurait connaître Bloémaert. Elles sont dessinées de pratique, mais avec beaucoup d'expression et de piquant. On a aussi, de sa main, des estampes à teintes jaunes rehaussées de blanc, qui se distinguent des camaïeux que nous avons déjà rencontrés, en ce que le trait primitif est obtenu à l'eau-forte sur une planche de cuivre. On peut citer dans ce genre, le portrait de l'artiste à quarante-quatre ans, en 1611, *Moïse et Aaron*, *Une Sainte Famille*, 1625, et *Un Apprenti dessinant un modèle dans un atelier*; elles sont plus simplement faites que ses eaux-fortes, et d'un style plus pur. *La Vierge et son fils*, qui a été reproduite dans le beau recueil de M. Weigel [2], et *Les Trois Maries*, sont de petits chefs-d'œuvre de naturel et d'expression. Dans toutes éclatent la franchise et la passion, qui firent de Bloémaert comme un réformateur dans son pays. Il dessina beaucoup d'après nature ; il grava des paysages et des marines ; la plus remarquable de ces vues est le *disegno dell' ingresso et abbracciamento di vascelli inglesi fatto dagli olandesi nella riviera di Hallan*. La poésie du cru consacra ce talent dans un distique : *Pinxit aves, naves, homines glebasque ferasque — et lœtos flores floridus innumeros*. Enfin, le caractère

---

2 *Holzschnitte berühmter Meister*; Leipzig, 1852, liv. IX.

classique de sa réforme parut surtout dans les ouvrages de ses deux fils, qui furent des graveurs de profession.

FRÉDÉRIC BLOÉMAERT, qui ne quitta jamais son père ni son pays, était d'un caractère si tranquille, au témoignage de Baldinucci, qu'il trouvait la gravure une invention du diable faite pour impatienter les gens. Il faisait allusion, sans doute, aux efforts qu'exige un art exercé à la Muller; aussi s'en tint-il aux dessins de son père, qu'il traduisit correctement, doucement, par un travail qui épargne le cuivre sans difficultés et sans effet. L'expression ne manque pas dans ses estampes, et la facture en est heureuse; mais ce fut surtout son indolence qui le rendit propre à réagir contre les excès du burin. Son principal titre à l'estime, est la gravure des livres à dessiner d'Abraham, où paraît réduit à ses principes élémentaires tout le bagage de l'École qu'il put soutenir. Cette École étudia la nature, fit des figures de gueux, des dessins d'animaux, des paysages; bien que ses principes ne fussent pas profonds, la semence leva en Hollande et se répandit en France et en Italie.

2. CORNELIS BLOÉMAERT, autre fils d'Abraham, eut plus de portée que Frédéric; mis à l'école d'un buriniste rompu au métier, Crispin van Paas, il commença par graver sur les sujets de son père; ses estampes, à cette époque, se font déjà remarquer par la retenue du dessin, la douceur et l'égalité des tailles; mais il quitta bientôt l'atelier d'Utrecht, avec Théodore Mathan. Il vint à Paris, vers 1630, où il fut employé par l'amateur Favereau, à graver les sujets dessinés par Diepenbecke et Brebiette pour *Les Tableaux du temple des Muses*, dont Mariette a discouru, et il s'en acquitta avec une clarté qui dut être prisée surtout par les adversaires de Vignon. *La Chasteté de Joseph*, qu'il grava d'après Blanchard, alors de retour de Venise, traduisit très-habilement le dessin mou et la lumière un peu blafarde qui faisaient à ce Maître un si beau succès. Cornelis, après un séjour de trois ans à Paris, gagna Rome. Les circonstances y étaient favorables pour la gravure telle qu'il savait l'exercer, pour produire de la manière la plus agréable au public, les statues des *ville* et les tableaux des galeries. Il s'y établit et, durant quarante ans, y pratiqua son art au milieu de l'estime générale. Watelet, qui a jugé

Corneille Bloémaert avec son goût ordinaire, dit qu'il est le premier graveur qui ait su finir une estampe ; qu'avant lui, on avait bien su graver un dessin, mais qu'il est le premier qui ait bien su graver un tableau. La gravure parvenue à ce point, d'avoir pour qualité première de rappeler et même de remplacer un tableau, sort du plan que je me suis tracé pour mes recherches ; je ne suivrai point Bloémaert au milieu des peintres auxquels il se dévoua ; il ne lui resta d'ailleurs plus rien de hollandais, si ce n'est une propreté et une mollesse natives. Revenons à la Hollande, où Abraham avait eu d'autres élèves.

3. La vertu prolifique et propagatrice de la gravure néerlandaise paraît encore dans la famille des Paas, d'Utrecht. Crispin de Paas, Zélandais, commença de travailler en 1589, d'après Martin de Vos et quelques autres maîtres flamands ; sa facture est, dans ses premiers ouvrages, petite et serrée. Plusieurs de ses biographes ont avancé qu'il avait eu pour maître Coornhaert ; il n'en paraît rien dans son œuvre. Sa naissance doit être postérieure à la date qu'on lui donne de 1536 ; car il travaillait encore en 1628 et même en 1635, selon Zani. Il résida à Cologne, de 1602 à 1607 ; c'est là qu'il publia ses *Types des Métamorphoses d'Ovide* et plusieurs autres planches séparées ou en suites. Son burin prend alors des allures plus larges. Il s'établit après en Hollande. Son atelier, qu'il appelle *Officina calcographica, musæum celatorium*, est à Utrecht, à Arnheim, à Amsterdam, où parurent, de 1612 à 1624, des suites très-diverses : *La Genèse, Virgile, Speculum vitæ scholasticæ, Tronus Cupidinis, Speculum illustrium fœminarum*, et un livre de dessin en plusieurs parties ; sans compter les portraits, les paysages et les sujets obligés de tout dessinateur, dans le domaine de la religion et de l'allégorie. Il paraît être venu à Paris dès 1618, où il se rendit illustre par les planches du *Maneige royal* de Pluvinel. Cet ouvrage ne parut qu'en 1623 ; mais L'*Instruction du Roy en l'exercice de monter à cheval*, où figurèrent d'abord les planches, est de 1616[1]. Crispin de Pas édita en France ces

---

[1] Brunet ne cite que l'édition de 1625, postérieure au *Maneige royal*. On trouve celle-ci dans le *Recueil pour l'histoire de France*, du Cabinet des estampes.

premières suites avec des titres renouvelés, pour piquer la curiosité des parisiens : *Le Miroir des escoliers, Les Vrais pourtraicts des grandes dames de la Chrestienté*, dont les éditions et les copies se multiplièrent. Il fit aussi des pièces historiques, dont les personnages principaux étaient Louis XIII à 22 ans, sous la figure de l'Amour, Anne d'Autriche en Diane, la reine-mère en Cybèle, et quelques-unes de ces pièces que Marolles appelle facéties, dont le goût, ancien en France, s'amalgamait alors avec celui des drôleries flamandes. Au milieu de tant d'ouvrages, Crispin de Pas ne fut guère qu'un dessinateur de modes et de mœurs. Si beaucoup de ses sujets sont héroïques et allégoriques, c'est que l'allégorie était alors le vêtement porté. Il se frotta à plusieurs maîtres et particulièrement à ses compatriotes, Bloémaert et Moreelse ; mais sa manière, déjà faite, n'en fut modifiée que par occasion. Lorsqu'il dit lui-même, dans une préface citée par Huber, qu'il s'est attaché à étudier Rubens, il se vante ; il est plus vieux de toute une génération de manières. Il parle aussi de Fréminet ; le seul maître français auquel il toucha par ses gravures, est le lorrain Bellange ; mais peut-être l'avait-il vu ailleurs qu'à Paris.

Crispin de Pas est un dessinateur lent et un inventeur de peu de portée ; il a les formes couenneuses, l'expression réjouie ; son burin, gros et ouvert, a de la rondeur et du ton lorsqu'il ne tombe pas dans la pratique. Le Christ aux traits allongés, les Vierges et les Sibylles aux joues arrondies, ont de la douceur dans la physionomie, de l'expression dans les yeux, mais tout à l'opposite de l'ascétisme. Dans les figures nues, *Adam et Ève, Hercule et Antée, Mars et Vénus*, l'habileté, la délicatesse même de dessin qu'il peut montrer, n'idéalisent point son style. Il acquit sa plus grande distinction et sa plus grande vivacité de composition dans les scènes de la vie des étudiants, relevées par des têtes piquantes, des costumes parés et par le débraillé des mœurs du temps. Dans un genre plus sévère, surtout quand il fut soutenu par un bon dessin, sa manière, en perdant de l'originalité, put avoir des qualités estimables : *La Vierge recevant le Saint-Esprit, magnificat anima mea....*, d'après Bloémaert, est une pièce heureusement traitée ; *L'Adoration des rois*, d'après M. de Bellange, est faite aussi d'un burin souple qui tempère beaucoup l'extravagance du modèle.

Crispin de Pas, qui prit volontiers dans sa manière le contre-pied de Wierix et de Jean Collaert, traita le portrait avec carrure et contribua pour sa part, avec Léonard Gaultier et Michel Lasne, à substituer des têtes accentuées aux têtes minutieuses inspirées à la gravure par les crayons. Mais il établit surtout sa réputation dans le public, par les figures d'équitation et d'escrime de son Manège royal. Sa manière y prend une fierté nouvelle, dont l'École française tirera profit, car nul artiste de notre pays ne pouvait donner à des figures de mode cet aplomb naturel et cette maîtrise de composition. On ne saurait louer au même titre les figures de dames réunies dans *Le Bouquet des bergères* et *Le Miroir des courtisanes*. Malgré la prétention de l'artiste à pourtraire les beautés de tous les pays, il n'y a là qu'un échantillon de la beauté néerlandaise qui fit irruption en France sous Richelieu, et cet échantillon n'est pas sans mélange. Comme beaucoup d'artistes vagabonds de ce temps, Crispin de Pas n'a gravé qu'une aventurière, assez semblable à sa *Schoot Maritgien*, dont je n'excuse pas la légende malhonnête :

> *Marotte d'un esprit courtois*
> *Parle trois sortes de langage ;*
> *Elle perdit son pucelage*
> *Pour apprendre à parler François.*

4. Trois fils de Crispin de Pas, CRISPIN *le jeune*, GUILLAUME et SIMON, le continuèrent et ne furent guère que ses doublures. Ils transportèrent leur art en Angleterre, où la gravure des portraits paraît les avoir occupés exclusivement.

MADELEINE DE PAS, sa fille, après avoir gravé en compagnie de ses frères, en se faisant remarquer par la douceur et l'agrément de son burin, suivit d'autres errements. Elle s'attacha à Adam Willaerts, peintre et poète d'Utrecht, qui lui donna le goût des petits paysages baignés d'eaux tranquilles et historiés. Elle fut séduite aussi par la manière du comte Gondt, qui avait rapporté à Utrecht, après son séjour en Italie, des tableaux d'Elzheimer. Elle reproduisit les tableaux de ce maître, ainsi que ceux de Jean Pinas, autre Hollandais revenu de Rome, dans cette manière luisante dans l'ombre, qui convenait bien à son burin doux et poli.

La Sibylle hellespontique, Élie sur le Carmel, Salmacis et Hermaphrodite datée, de 1628, indiquent les trois moments et les nuances du talent gracieux de Madeleine de Pas.

5. BOECE ADAM BOLSWERT, de Frise, dont on a voulu faire un élève de Cornelis Bloémaert qui était plus jeune que lui, ou un graveur de Rubens qu'il ne connut qu'à la fin de sa vie, paraît plus naturellement l'élève d'Abraham Bloémaert, d'après lequel il grava, dès 1611, des suites de *Pastorales*, des figures d'ermites, *Sylva anaghoretica*, et en 1618 *L'Adoration des bergers*. Ces estampes reproduisent fidèlement les formes et l'expression du Maître, auquel il ajoute, pour sa part, une vigueur et un ton que ne surent lui donner ni Frédéric ni Cornelis. Bolswert devait être catholique comme Bloémaert; il grava, en 1618, *Le Lit de parade* à la mort de Philippe-Guillaume d'Orange, qui était resté catholique, et dédia à sa veuve Éléonore de Bourbon-Condé, cette estampe plus précieuse que pittoresque. Il avait dû quitter la Hollande pour ce motif, et il s'établit à Anvers, où il publia des suites de pièces religieuses, *Pia desideria, Les Saintes femmes du désert*, qu'il sut traiter avec une majesté inconnue à Corneille Galle et à la foule des graveurs dévots d'Anvers. C'est là qu'il put graver d'après Rubens ses chefs-d'œuvre, *La Résurrection de Lazare* et *La Cène*, qui ont fait négliger ses pièces antérieures, parce qu'il a, dans celles-ci seulement, égalé son frère Schelte Adam Bolswert, sur lequel venait se réfléchir un rayon de la gloire du grand peintre d'Anvers. Le lot de Boèce fut de montrer un point de contact entre l'École d'Utrecht et l'École d'Anvers, et d'être un intermédiaire de Bloémaert à Rubens.

6. PAUL MOREELSE, peintre célèbre par ses portraits, et architecte à qui la ville d'Utrecht dut de beaux ouvrages civils, était allé en Italie; il fournit plusieurs compositions aux graveurs d'Utrecht et de Leyde, et grava lui-même quelques pièces en clair-obscur, qui avaient été bien remarquées par Papillon. Elles sont dans le système de Bloémaert avec de larges teintes grises ou brunes, et des réhauts blancs ajoutés avec esprit à une esquisse à la pointe. *Lucrèce renversée expirante* et *L'Amour menant deux danseuses antiques*, datées de 1612, indiquent dans leur exécution

tout à fait magistrale , un style plus grandiose que le style de Bloémaert
et moins affecté que celui de Goltzius ; elles ne sont point exemptes de
puérilité , mais ce défaut ne les prive pas de leur accent.

XXVII.

Les graveurs de costumes et de gueuseries.

1. Pendant que les peintres d'histoire et à leur suite les graveurs ,
recevaient sans pouvoir y échapper l'influence italienne , et admettaient
dans leurs compositions un costume antique ou de convention et une
mise en scène de pratique, des artistes plus confinés dans leur pays
avaient agrandi la représentation des scènes familières, tiré parti du costume local et vivifié le paysage. Deux peintres , Flamands réfugiés en
Hollande et y trouvant des conditions plus favorables à leur tempérament populaire , Winckenbooms et Coninxloo , avaient donné plus de
portée aux kermesses et aux rusticités. A Leyde, à Anvers, Swanenburgh
et Boèce Bolswert leur avaient emprunté des sujets ; il se trouva plus près
d'eux à Amsterdam, où ils étaient venus s'établir, des graveurs originaux
qui propagèrent la même poétique. A ceux-ci convient également le titre
national de gueux; mais , comparés à leurs prédécesseurs, les pauvres
drôles, ce sont des gueux enrichis et raffinés.

Nicolas de Bruyn , dont les premiers ouvrages datent de 1594 , semble avoir travaillé d'abord à l'imitation de Théodore de Bry. Il avait dû
suivre son père, qui d'Anvers passa dans le duché de Juliers ; mais ces
petites pièces, formant des motifs d'ornement, ne déterminent pas plus
sa manière, qu'une estampe de *Sainte Cécile* où il s'essaya d'après
Raphaël. Toute sa force éclata dans les pièces que Mariette a notées et qui
parurent à Amsterdam de 1600 à 1621. Est-ce la connaissance des ouvrages de Lucas de Leyde qui forma Nicolas de Bruyn ? Son penchant
vers ce maître paraît en maint endroit, particulièrement dans ses suites
de la Passion; il aime ses physionomies judaïques, ses costumes cossus,
et il excelle comme lui dans la disposition des plans. On ne pouvait
mieux faire, pour servir un art national, que de le rattacher aux traditions

gothiques ; mais Bruyn fit plus , il donna de l'expansion aux scènes bibliques. Peu scrupuleux dans l'expression, il a une mise en scène splendide,
décorée de beaux arbres, peuplée d'animaux , et le costume local dont il
affuble ses figures historiques répond au rite protestant. On n'était point
choqué à Amsterdam, comme nous le sommes aujourd'hui , de voir *La
Chasteté de Joseph*, *La Salutation angélique* et *Le Massacre des innocents*,
traités avec des personnages en haut-de-chausse et en vertugadin ; cependant Bruyn ne peut, comme les gothiques, prétexter la naïveté ; aussi
doit-on préférer toujours à ses sujets bibliques, les grandes scènes où le
talent du dessinateur et du graveur pouvait se développer plus naturellement, comme dans *L'Age d'or*.

Le plus grand charme de l'artiste est dans le jeu de son burin, superficiel, pâle, se développant mollement, singularisé dans ses contours,
indéfini dans ses horizons, et dans un dessin qui emprunte à une nature locale des types qui expriment surtout la tranquillité, la délicatesse
et la redondance. Mariette, qui le premier l'a bien apprécié, a constaté
aussi l'inégalité et la décadence de son talent, évidentes dans ses derniers
ouvrages qui s'étendent jusqu'à l'année 1651.

2. Jean Londerseel, de Bruges, qu'on trouve travaillant à Amsterdam
vers 1606, d'après Nicolas de Bruyn ou d'après les mêmes maîtres que
lui , a été apprécié à sa juste valeur par Mariette, comme imitant son
maître sans aucune liberté de burin. Assuerus van Londerseel , que
Mariette ne cite que comme éditeur, était aussi peintre et graveur sur
bois. Les planches assez nombreuses qu'il a gravées pour des livres de
prière, et les copies qu'il a faites des figures orientales de Léonard Thiry,
pour la traduction des Navigations de Nicolaï (Anvers, *W. Sylvius*,
1577), sont des ouvrages médiocres, mais ils servent à montrer comment
la gravure en bois allait se dénaturant, en imitant soit les hachures
allongées du burin, soit les traits écourtés de la pointe.

Pierre Serwouter, dont on connaît quelques sujets rustiques, des
chasses et *Le Péché d'Adam et Ève* d'après Winckenbooms, gravés de
1607 à 1614, a encore vulgarisé la manière de Nicolas de Bruyn. On
dit qu'il était d'Anvers ; cependant le seul lieu que j'ai trouvé indiqué

sur ses estampes est Amsterdam, où il a probablement travaillé. C'est lui que les anciens catalographes français appellent Perjecouter et Percecuteur. L'on ne sera plus tenté, après ces observations, de lui attribuer les morceaux d'architecture ou les pièces italiennes au monogramme PS, dont j'ai parlé à propos de Prévost de l'école de Fontainebleau.

Jean Claas Vischer, marchand d'estampes considérable, établi à Amsterdam, propagea plus qu'aucun autre éditeur les pièces de paysage et de chasse; il grava lui-même, depuis 1606, des pièces à l'eau-forte, qui sont faites pour honorer le titre de *Anaglyptarius*, qu'il prend sur une de ses suites. Les ruines et les arbres faits par Vischer ont une solidité peu naturelle, mais un arrangement pittoresque, avec des fonds spirituellement indiqués. Les vues de Brabant d'après Breughel, de Hollande d'après Wieringhem, et d'autres qu'il a composées, quand il ne les systématise pas trop, ont un goût de terroir qui manque aux œuvres de Paul Bril, et une carrure d'exécution qui sentent le maître. Deux pièces de Vischer doivent être signalées comme image des préoccupations religieuses et politiques du temps. La première est *La Parabole du bon pasteur*, 1606, où l'on voit Jésus sortant d'une cabane envahie par les larrons. La seconde est la *Belgica libera*, le cortége historique et mythologique de la trève de 1607, qui fut la première reconnaissance implicite de la liberté des Provinces-Unies, où figurent à côté des vertus et sous la conjonction de Vénus et de Mars, les archiducs Albert et Isabelle, Maurice d'Orange, Philippe III, Jacques Ier et Henri IV. Je recommanderai enfin Claas Vischer, pour les scènes de paysans et d'enfants, où sa pointe prend, dans sa grossièreté travaillée, une expression grouillante de vérité : *Le Mai*, de 1608, *Le Vielleur*, immortalisent une marmaille que Van Ostade ne désavouerait pas.

On ne retrouvera plus la crudité des mœurs hollandaises dans un autre graveur qui illustra le nom de Vischer au point d'éclipser entièrement notre vieux Claas. Cornelis Vischer atteignit la perfection de la gravure au burin ; il posséda la force, la souplesse, la couleur, le modelé et tous les procédés imitatifs de l'art, et il ne dédaigna point de mettre tous ses dons au service des gueux, en faisant les chefs-d'œuvre appelés *La Fricasseuse*, *La Nourrice* et *Le Vendeur de mort aux rats*. Mais ce grand artiste posséda l'habileté de métier, à ce point où l'invention et le naturel cessent ; et par là , comme par la date de la plupart de ses œuvres, il n'est point de ma compétence. "

3. Beaucoup d'écoles tirent avantage des marchands d'estampes que l'on trouve naturellement à la recherche des productions nouvelles, et souvent patrons des jeunes artistes. HENRI HONDT ou HONDIUS tint à la Haye pendant cinquante ans, un atelier considérable, où il pratiquait lui-même et où étudièrent plusieurs graveurs. La notice de cet artiste, fort embrouillée par Huber, Walpole et d'autres, a été éclaircie par Mariette, et l'on voit en parcourant ses estampes que là encore, comme dans tant d'autres occasions, Mariette a mis la main sur les documents. Son jugement aussi n'est que trop juste : Hondius ne fut jamais qu'un graveur médiocre. Son œuvre variée, avec ses portraits de politiques, de protestants et d'artistes, avec ses allégories patriotiques, ses vues locales et ses essais d'après divers maîtres, n'est pas pourtant sans intérêt. Ses premières estampes, dès 1595 [1], montrent une facture sèche et dure, où je ne trouve pas d'analogie avec Wierix qu'on lui donne pour maître. Les copies qu'il fit ensuite et qu'il fit faire des portraits des peintres de la Germanie inférieure, illustrés des vers de Lampsonius, montrent aussi combien sa manière différa de celle de Wierix. Il voulut bientôt trancher du grand, et grava des sujets de Van Mander et de Mostaert ; il alla même jusqu'à Zuccarro, sans dépasser les burinistes les plus médiocres de l'école flamande cherchant à italianiser leur style. Il réussit mieux dans la suite à faire des paysages historiés et des sujets de gueux. Son outil expert et varié y prend quelquefois des qualités pittoresques, et de sec qu'il était au commencement devient gras et coloré. C'est ce qui avait fait imaginer deux Hondt, le vieux et le jeune. Une estampe marquée de l'année 1648 et de son âge 75, intitulée : *Schelle Belle sive Belliacum in Flandria*, où la vue de la ville est historiée d'une kermesse, plus

---

[1] Voici même une pièce datée de 1591 : *Carte de France*, ornée du portrait de Henri IV et de figures de français et de françaises. Bibliothèque nationale ; estampes du roi Henri IV recueillies par le sieur de Congé.

ancienne de trois ans que celles qu'avait vues Mariette, confirme pleinement son dire, et rend les estampes citées depuis 1591 au même artiste. Il ne fut pas le seul de son nom ; on connaît un noble Olivier de Hondt, architecte au milieu du XVI° siècle ; un Jodoc ou Jost Hondt, graveur cosmographe et calligraphe, établi à Amsterdam, à l'enseigne parlante du chien qui jappe : *Sub cane vigilanti ;* Guillaume Abraham, dont Bartsch a décrit des animaux, et d'autres encore parurent dans le cours du XVII° siècle. Henri est le seul à considérer ici. Au milieu de beaucoup d'ouvrages de commerce, il servit à sa guise l'école hollandaise, sur le sol de La Haye. Dans une de ses plus précieuses estampes, *Curia Hollandiæ,* on voit la ville de 1598, faisant mirer les lignes symétriques de ses pignons peints et de ses hêtres séculaires sur les eaux tranquilles du vivier où barbottent des cygnes ; sur les bords se pavanent les courtisans du stathouder auxquels l'artiste fait dire :

> *Græcia quid multum jactat sua Thessalia Tempe*
> *Hesperidumque hortos sunt fabulosa nimis.*
> *Felices Batavi comitum nunc cernimus Hagam*
> *Quo non in toto est pulchrior orbe locus*
> *Hic florent artes.....*

4. WILHELM BUYTENWECK, peintre, de Rotterdam, qui travailla à Amsterdam de 1618 à 1645, fut un dessinateur habile et un observateur précieux du costume local. Il fournit des dessins à Van de Velde, à Vischer et à deux autres graveurs qui paraissent plus particulièrement ses élèves. Il grava lui-même quelques pièces avec finesse et expression, en se servant d'un outil délié et ferme qui pointille à propos et garde des allures pittoresques, malgré le batavisme de ses physionomies et de ses costumes. Ses sujets historiques, sans avoir la noblesse italienne, ont une certaine distinction. Il dessina le Char triomphal de Guillaume de Nassau, qui fut gravé, en 1623, en cinq planches, par CORNELIS KITTENSTEIN, de Harlem, et publié par Vischer en 1626. Les artistes hollandais rendaient au fondateur de la république le même hommage que ceux de Nuremberg avaient rendu à Maximilien, et ceux d'Anvers à Charles-Quint. Les vertus chrétiennes et guerrières font cortége au prince assis sur son char,

précédé du lion belge, suivi des princes de Nassau et de personnages figurant le sénat et le peuple des provinces confédérées. La composition est dessinée petitement, mais avec agrément et animation ; le burin de Kittenstein, dont nous connaissons de plus quelques costumes de tout pays, l'Espaignol, l'Alleman, le Flamen, le François, etc., se montre dans ces ouvrages, délié, pointillé et sec.

GEORGE HENDRICH VAN SCHEYNDEL fut un graveur assez heureux pour Buytenweck, et qui eut sa petite part d'originalité. Il exploita les foires de Rotterdam et des environs, dessinant les charlatans, les paysans. Il observa attentivement les prairies et les plages, avec tous les végétaux qui leur sont propres. Sa pointe a dans le trait beaucoup de fermeté, et dans le pointillage un velouté rare. D'où vient donc que ces graveurs primesautiers n'ont pas, parmi les amateurs, la réputation acquise à leurs successeurs ? De la rareté de leurs estampes peut-être, mais plus sûrement du goût de leur dessin, dont le batavisme prononcé n'a pas trouvé grâce devant les puristes. Je ne veux convertir personne à la beauté d'une *Phyllis Edamensis*, d'une *Zipensis Virago* et d'une *Alamemana Galatea*, qui ne sont que des beurrières et des poissonnières de Zélande ; la braverie de leur habit ne rend pas plus supportables leurs petits yeux et leur physionomie trop réelle. Mais l'iconophile est comme le naturaliste : quand il surprend la fleur endémique épanouie, il la trouve toujours assez belle pour prendre place dans son herbier.

5. On voit, dès les premiers épanchements de l'art hollandais, marcher côte à côte les graveurs de gueux et les graveurs de costumes aristocratiques ; ils partent des kermesses et des promenades, pour s'élever aux hautes puissances de leurs états-généraux et à la pompe de leurs fêtes nationales.

PIETER QUAST, de La Haye, fut le moins dégrossi de tous les dessinateurs de gueux. La première date qu'on rencontre sur ses pièces est de 1634, et on peut conjecturer que les eaux-fortes de Callot étaient arrivées jusqu'à lui ; mais il trouva dans son pays assez de modèles sympathiques, et il mania la pointe d'un trait renflé et croisé carrément qui lui est propre. Son fumeur, son patineur, sa mendiante et son marmot, fils des gueux

de Vischer, issus des drôles de Breughel, sont aussi localisés que possible ;
les originaux ne se retrouvent, avec leur peau rugueuse et leurs haillons
épais, que sur le chemin du Voorhout de La Haye à la plage de Sche-
veningen. Quast appelle quelquefois ses types, les cinq sens, les quatre
saisons ; mais ce ne sont toujours que des gueux plus rapprochés de la
beauté d'un phoque que de celle de l'Apollon.

SALOMON SAVERY, artiste qui est à distinguer, d'une famille de paysagistes du même nom, originaires de Courtrai, qui ont aussi gravé et
fourni de nombreux sujets à plusieurs artistes, grava des paysans d'après
Quast. Sa pointe était plus fine, et il fit plus volontiers des figures de
nobles et de militaires. Il dut aller en Angleterre et publia du moins,
d'après le peintre anglais F. Clein, en 1632, une suite pour les Métamorphoses d'Ovide, où la main-d'œuvre paraît se rapprocher de Hollar ; il se
signala dans l'exécution des planches des Fêtes à l'entrée de Marie de
Médicis à Amsterdam, en 1636, sous le titre : *Medicea Hospes.* Savery sut
rendre, d'une manière délicate et assurée, les brillants cortéges, les foules
sur les places et dans les navires, les beaux édifices et les grands espaces,
où les plus petits détails font leur effet ; il tire un parti pittoresque de
cette pompe cérémonieuse et de ces habits endimanchés. Van Thulden,
à Anvers, avec toute sa science, n'avait rien fait d'aussi joli en célébrant,
d'après Rubens, l'entrée de Ferdinand d'Autriche.

PIETER NOLPE, de La Haye, commença aussi par graver d'après Quast,
et montra une manière plus libre et plus pittoresque dans le costume ; il
grava, avec une grande richesse de pointe, des cavalcades d'entrée et
des pièces emblématiques ; il s'appliqua ensuite à des compositions plus
considérables, et à de beaux paysages qui lui firent un grand renom. Il
travailla jusques après 1650, et sa manière qui, dans les commencements
avait de la sécheresse, acquit un nombre et un éclat que n'avaient jamais
eus les graveurs de fêtes. C'est qu'il s'était frotté à des peintres d'une autre
école et à des eaux-fortistes d'une autre manière. La suite de pièces
emblématiques sur Marie de Médicis, qu'il a gravées d'après Moyaert, dans
*L'Histoire de l'entrée de la reine-mère du roy très-chrétien dans les
Provinces-Unies des Pays-Bas*, ont leurs types empruntés à Rembrandt,
et leur composition prise dans la poétique de Rubens ; il a mérité que

Mariette lui attribuât une estampe , *Le Martyre de saint Étienne*, marqué *Adam van Francfort inv.*, que d'autres donnent avec plus de vraisemblance à P. Soutman. Tout cet acquis ne vaut pas, pour connaître le type de Nolpe, et le comparer à ceux de Saint-Igny et de Bosse, *La Grande dame de La Haye* promenant sa carrure, la tête coiffée de cornes et l'esmouchoir à la main. Mais on ne saurait se dispenser de citer ici, pour son mérite pittoresque aussi bien que pour sa vérité locale, *La Digue rompue;* l'artiste y a trouvé de superbes effets d'eau-forte pour rendre une inondation qui envahit Amsterdam en 1651.

6. Dockum , ville de la Frise , a donné naissance à une famille de graveurs qui, tout inférieurs qu'ils sont restés, accusent un côté curieux de l'école hollandaise. Lucas a Deutecum, le plus ancien, a gravé *La Pompe funèbre de Charles-Quint à Bruxelles* en 1558, et une suite des treize scènes du Nouveau Testament qui se sont passées dans le Temple, d'après et avec Gérard Groenning : *Memorabilium novi Testamenti in templo gestorum icones tredecim elegantissimi ac ornatissimi, Antuerpiæ excudebat Gerard' de Iode G,-P. Groenning inventor Lucas a Deutecum fecerunt.* Ces ouvrages le rangent dans l'école des graveurs de Frans Floris. Jean et Baptiste a Doetecum, qui lui succédèrent, ont fait quelques suites et des pièces isolées qui ne se distinguent guère de celles qui sortaient des ateliers flamands. Je citerai uniquement, à cause de la peine qu'on a à les rencontrer, *La Messe de saint Grégoire*, par Jean, d'après Mabuse , et une scène familière *ick bints alleen niet,* par Baptiste. Ces deux artistes méritent mieux d'être connus pour avoir gravé les planches des *Voyages aux Indes-Orientales* de Linschoten, publiés à La Haye en 1599. Ces figures, où l'on trouve sinon une fidélité scrupuleuse, du moins quelque observation des diverses races, et qui sont gravées avec une franchise inconnue aux dessinateurs des voyages de ce temps, eurent certainement de l'influence sur l'école hollandaise. Elles contribuèrent à la détourner des modèles classiques qui envahissaient toutes les écoles.

XXVIII

Les graveurs d'Elzheimer. — Les Bamboches.

1. Elzheimer, dont nous avons indiqué l'action sur l'école allemande, fit prévaloir plus directement encore dans la gravure hollandaise, sa manière originale : une composition faite comme à la chambre obscure, et où l'effet du paysage et le style des figures sont cherchés dans l'exécution la plus finie.

Un gentilhomme d'Utrecht, le comte palatin Henri Goudt, entraîné à Rome par son goût pour les arts du dessin, s'y était pris de passion pour la peinture d'Elzheimer et était parvenu, par un travail patient sur de petits tableaux, à trouver un genre de gravure tout à fait bien appliqué aux scènes opaques, aux effets de lumière artificielle du maître de Francfort. Il n'en exécuta qu'un petit nombre, de 1608 à 1613, à Rome et à Utrecht. Il ne vécut que peu d'années, l'esprit aliéné, dit-on, par un philtre que lui aurait fait boire sa maîtresse. Mais il suffisait d'une estampe comme *Cérès*, ou comme *La Vieille et Ascalaphe*, pour faire école parmi les graveurs hollandais, pour trancher avec la clarté de Goltz et la maigreur de Bloémaert. La facture polie de ces estampes, le miniaturisme des têtes, la transparence des ombres, ont assez recommandé le nom de Goudt. Il apportait à ses compatriotes des exemples d'un style plus noble et d'un travail plus profond. Ils en profitèrent chacun à sa manière et sans cesser d'être hollandais. Nous avons déjà vu une fille de Crispin de Pas s'y convertir.

Jean Pinas et Pierre Lastman étaient deux peintres de Harlem, qui se trouvèrent en Italie avec Elzheimer et le comte Goudt. Ils traitèrent l'histoire et le paysage dans ce système qui, à Rome, à côté des idéalistes, passait pour trivial, et qui en Hollande, à côté des gueux, se trouva noble. Leurs tableaux, introuvables dans les musées, avaient au dire des experts, une teinte rembrunie, et on en fit des maîtres de Rembrandt. Pierre Lastman, ayant gravé quelques pièces aussi difficiles à rencontrer que ses tableaux, et ces pièces ayant eu du succès parmi les imitateurs de

Rembrandt qui les copièrent, passa pour avoir donné des leçons de pointe au grand eau-fortiste de Leyde. *Juda caressant Thamar au pied d'un arbre*, eau-forte souvent citée, serait en effet un antécédent significatif; mais elle n'est que la copie, fort belle il est vrai, de la pièce au burin de P. Lastman. Elles ont été toutes deux décrites par Zani. Les gravures qui furent faites d'après Jean Pinas et Pierre Lastman, par leurs élèves ou leurs contemporains, celles de NICOLAS LASTMAN fils de Pierre, en 1608, sont au burin ou à la pointe imitant les effets du burin. Comme ce Nicolas a gravé une composition de Guido Reni, on a dit qu'il avait cherché sa manière; en lui voyant ensuite copier un portrait de Saenredam, on a pensé qu'il était son disciple [1]. Le fait est que sa facture carrée et colorée se rapprocherait, dans quelques ouvrages, de Swanenburch; mais il aima les effets de lumière artificielle, à l'exemple du comte Goudt.

2. Le graveur le plus original et le plus hollandais que cette manière put gagner, fut JEAN VAN DE VELDE, de Leyde. Il commença par faire des paysages vers 1615, comme son frère aîné ESAIAS et comme Vischer. Une de ses premières pièces, *Une Dame et deux seigneurs banquetant et concertant*, d'après Esaïas, est faite aussi d'un burin analogue à celui de Vischer, qui dut lui donner des leçons de gravure. On peut lui attribuer sans doute une grande part dans la gravure plus pittoresque, qui fut faite alors, de la campagne hollandaise. La singularité de son dessin, la vigueur et la variété de son travail le portèrent bientôt plus loin : il peupla ses compositions d'une foule de figures faites à coup de hache et accoutrées selon les modes qu'étalaient les marchés et les promenades de Leyde. Les Éléments et les Mois sont ainsi fort curieusement représentés par des dames encercelées de grandes fraises et bardées de vertugadins comme ceux de notre temps; par des gentilshommes ayant des couvre-chefs fourrés, des grègues enjuponnées et de grands collets à la pendarde. Quand l'artiste veut s'élever à l'his-

---

[1] Huber; *Manuel*, pag. 301. Gault Saint-Germain; *Guide des amateurs de tableaux pour les Écoles allemande et flamande*, Paris, 1818, tom. II, pag. 126.

toire, draper ses figures et faire le nu, il est trahi par un dessin puéril, qui ne gagne rien au fini du travail. *Le Christ s'apprêtant à monter l'âne, Jonas prophétisant les Ninivites*, ne sont que l'idéal de la mesquinerie. Ses têtes, malgré leurs petits yeux perçants, sont de la plus pauvre expression. Plus habile graveur que dessinateur, il brilla de tout son lustre dans les pièces où l'observation exacte et le précieux de l'exécution peuvent tenir lieu de qualités plus hautes. On doit remarquer encore dans son œuvre les portraits, où sa pointe mêle les traits les plus nets aux plus fines piqûres, et plusieurs autres pièces où il a rendu l'aspect reluisant et les effets de nuit. *La Sorcière devant sa marmite*[1] réunit à une expression d'une diablerie assez riante, un charme bizarre de burin. Plusieurs de ces estampes sont gravées d'après Elzheimer, et sa manière y est si bien reproduite, que plusieurs petites pièces de nuit ont passé quelquefois sous le nom du maître, dans les premiers états où celui de Van de Velde ne se trouve pas.

Deux artistes fort ignorés suivirent encore les errements d'Elzheimer : WILHELM AKERSLOOT est connu par cinq ou six pièces, datées de 1624 et 1626, d'après Van de Velde et d'autres, où la manière de Goudt paraît appesantie ; CLAES POUWELSZOON n'a encore, dans les meilleurs catalogues, qu'une estampe : *La Fuite en Égypte*, qui paraît de sa composition. La finesse et l'expression qu'on y remarque laissent le désir d'en retrouver d'autres.

On peut rattacher au même groupe CRISPIAEN VAN QUEBOREN, auquel un œuvre plus nombreux n'a pas laissé plus de renom. Au Cabinet de Paris, deux de ses principaux ouvrages, *La Vierge assise devant des fleurs éparses*, 1612 ; et *Venus, sine Cerere et Baccho friget Venus*, ont été confondus dans l'œuvre de Crispin de Pas. Peintre de portraits et de paysages, il grava principalement des portraits et des vignettes. Dessinateur peu léger, il eut un burin moelleux dans sa petitesse, et ses têtes ont de la finesse et de la vérité. Les petites figures dont il orna les poèmes nuptiaux de Cats, de Baerle et de Boius[2] sont d'un dessin trop

---

[1] Cette figure a eu la destinée singulière de servir d'original à une pièce de circonstance pendant la révolution de 89, sous le titre de : *La Fée patriote*, avec un quatrain approprié.

[2] *Faces augustæ*; Dordraci, 1648, in-12.

court, d'un style trop bas et d'un burin trop enjolivé ; mais elles accompagnent bien ces épithalames en vers hexamètres, que les Hollandais achetaient alors pour toutes leurs noces, et où ils trouvaient un heureux mélange de trivialité et de mythologie.

L'école reçoit un dernier lustre en comptant dans ses rangs la Sapho d'Utrecht, ANNA MARIA SCHURMAN. Avant de tomber dans le piétisme, outre ses talents dans toutes les langues, elle était, dit-on, peintre, sculpteur en ivoire, graveur au burin et à l'eau-forte. Huber parle de plusieurs portraits qu'elle aurait gravés ; je ne connais que le sien, illustré de ces deux vers :

> *Cernitis hìc picta nostros in imagine vultus ;*
> *Si negat ars formam gratia vestra dabit.*   **A. M. à S.** *fec.*

Le contour sec et le pointillé minutieux qu'on y remarque, dénotent bien l'élève de Van de Velde.

3. Nous avons vu des artistes de toutes les écoles venir à Rome ; les uns y devinrent Italiens, les autres y modifièrent seulement des études antérieures ; tous y mêlèrent quelque élément nouveau. Voici comment se comportèrent quelques-uns de nos Hollandais qui avaient quitté leur pays au moment le plus intéressant de leur art national.

PIERRE DE LAER, des environs de Harlem, dont on ne connaît point les précédents, vint à Rome en 1626, à l'âge de 30 ans, et y vécut treize ans dans la joyeuse compagnie des peintres étrangers dont Passeri nous a rapporté plusieurs scènes plaisantes. Il reçut pour nom, dans sa fête de baptême, le sobriquet de Bamboccio, qui s'appliquait aussi bien à sa personne qu'à son talent. C'était un garçon de tournure grotesque et d'esprit bouffon, ayant un goût prononcé pour les *donne di liberta* et fréquentant plus volontiers les carrefours que les académies ; aussi faisait-il des tableaux que son digne biographe [1] range parmi ces sujets *di Baronate e di bassi spezzi, laide vili e inconvenienti*

---

[1] Passeri ; *Vite de Pittori,* cité par Ch. Blanc , *Histoire des peintres de toutes les écoles.* Vie de P. de Laer.

al bel decoro, qu'on flétrissait du nom de *Bambocciate*, ce qui ne les empêcha nullement d'être prisés et de faire des prosélytes. Il grava par passe-temps quelques eaux-fortes, faites librement et avec rudesse, mais devenant fines par l'adroite accentuation du dessin, par la vive lumière de la pointe. Dans ces sujets rustiques, auxquels sa nature hollandaise le rendait sympathique, le Bamboche, malgré son peu de souci du beau, a profité de l'Italie, non qu'il s'ennoblisse, mais il saisit le style des haillons du pâtre, du bandit, de la mendiante de la campagne de Rome, aussi bien que le poil de ses boucs et de ses ânes. D'autres les feront plus poétiques ou même plus naturels; il leur donna, lui, un mal bâti et un mal peigné que sa pointe vive et grenue rendent très-amusants. Stopendael et Vischer, qui ont fort habilement gravé des scènes de brigands de Pierre de Laer, ne prirent d'ailleurs rien de ses eaux-fortes.

André et Jean Both, d'Utrecht, qui de l'école de Bloémaert étaient venus à Rome vers le même temps que le Bamboche, dessinèrent et gravèrent à l'eau-forte des figures et des scènes de bambochades, où l'on trouve une facilité très-pittoresque, une grande habileté de dessin et des types empreints de la gueuserie hollandaise. Leur grossièreté et leur grimace paraissent, malgré la pureté et la finesse de la pointe, fort peu italianisées; je ne vois pas davantage, comme on a voulu le dire, qu'elles soient francisées; ce sont des gueux venus d'Utrecht. Bloémaert, le premier maître des Both, ne leur avait point enseigné ces types; mais ils en trouvèrent partout dans leur pays, le modèle accrédité. En passant à Paris, André avait dessiné en gueux *Le Grand et pauvre peintre magnus pictor*, qui avait trouvé un spirituel traducteur dans le graveur français N. Viennot. On sait aussi qu'à Rome, dans ce temps, les modèles les plus bas avaient eu leur école; pourquoi nos Hollandais se seraient-ils gênés? Jean, qui fut comme on sait un grand paysagiste, que sa connaissance de la lumière a fait si justement surnommer Both d'Italie, fut aussi, dans la gravure, un eau-fortiste fort distingué; sa pointe excelle à rendre les jeux de la lumière dans le ciel et le luxe de la végétation près des eaux; ses vues, vraies et pittoresques, sont animées des figures les mieux placées.

4. Quelques artistes flamands, venus dans le même temps à Rome et

entraînés dans le même mouvement, ne sauraient être séparés des Hollandais bamboches. JEAN MIEL, d'Anvers, se trouvant à Rome vers l'année 1630, fréquenta la compagnie de Pierre de Laer et l'académie d'André Sacchi, deux antipodes. Tout en peignant de commande des sujets pour les églises, il faisait par goût des bambochades. Il en a gravé plusieurs à l'eau-forte, qui témoignent qu'en se laissant gagner davantage par la manière italienne, il garda l'amour de la nature et l'idéal populaire. On a jugé ses eaux-fortes inférieures à celles de Bamboche; il a peut-être moins de sève, mais l'exécution en est adroite et expressive. *Le Chevrier*, *Le Tireur d'épines*, *La Femme épouillant son enfant près d'un âne*, sont, dans leur naturel brut, pleins de maîtrise. On a aussi très-justement loué les planches de bataille qu'il fit pour le livre de Strada, dont la première édition est de 1632, et où concoururent l'Allemand Guillaume Baur, le Français Jacques Courtois. On peut y constater, dans la même donnée, des diversités piquantes entre ces trois étrangers, appelés à illustrer une publication romaine.

JEAN OU JEAN-BAPTISTE DE WAEL le vieux, d'Anvers, qui avait été d'abord à Paris, où il n'est pas resté trace de son passage, dut venir à Rome avec ses fils *Cornelis* et *Lucas*, bientôt suivis d'un autre *Jean-Baptiste* et même d'un *Paul de Wael*, sans doute de la même famille. Ils furent tous peintres de sujets familiers, et de plus graveurs, à ce qu'on rapporte; mais il n'est pas facile de déterminer l'œuvre de chacun. Bartsch ne s'en est pas tiré en constatant la différence de deux suites portant toutes deux le nom de Jean-Baptiste, et en décrivant sous le nom de Jean-Baptiste le vieux, les quatorze pièces qui composent la plus recommandable. Le plus vieux des Wael, celui dont Van Dyck a gravé le portrait, ne porte dans toutes ses biographies que le nom de Jean, et ce n'est point avec une certitude complète qu'on lui a donné la suite dédiée à Gaspard de Roomer, et signée *Joannes Bap^{ta} de Wael*. De toutes les estampes au nom des Wael, ce sont, il est vrai, les plus originales et les plus pittoresques, celles qui ont le plus de style dans leur composition et leur expression, le plus d'effet dans leur facture grosse et libre. On y reconnaît bien un Flamand venant apprendre aux Italiens toutes les ressources de leurs types vulgaires. Elles ne sont point datées, mais on peut les croire contemporaines des gravures de Pierre de Laer.

La suite des *Aventures des aveugles* en treize pièces, dédiée à Henri Melman par C. de Wael, en 1629 ; et la suite des *Arts et Métiers Artificum turbe* en seize pièces, dédiée à Paul-Jérôme Palavicini par le même Corn. de Wael, qui s'intitule peintre d'Anvers, dénotent une manière toute différente, encore hollandaise par le poli du burin, par les formes courtes des figures. On y reconnaît la pointe fine et serrée des graveurs d'Elzheimer, le même goût des têtes piquantes, des effets de lumière. Si c'est Cornelis qui les a gravées, ce qui est possible, il y a mis plutôt la patience d'un buriniste que la liberté d'un peintre, et a compté pour leur succès, plutôt sur le goût de ses compatriotes d'Anvers que sur celui des artistes de Rome.

Plusieurs autres suites : *Les Services des forçats*, *Les Scènes de diverses figures*, *Les Cinq sens*, dédiées aussi ou dessinées par Corn.".de Wael, sont traitées d'une façon plus libre, plus sale, et plus conforme aux habitudes des bamboches ; le style des figures et la noblesse de la composition ne s'y produisent que dans un grand débraillé. Ces pièces pourraient être attribuées à Cornelis, si on ne lui avait déjà attribué les précédentes. Elles pourraient l'être aussi à Lucas, dont le nom paraît seulement comme inventeur dans une pièce gravée par Hollar.

L'histoire de l'enfant prodigue, dont plusieurs pièces portent les mots : *Cær. D. Wael inventor* et *Jan Baptista de Wael fecit*, et la date 1658, est faite d'une pointe plus exercée et plus fine, mais moins expressive. Le graveur, qui n'est pas celui des pièces précédentes, a signé aussi une suite de paysages d'après Fouquier. Enfin, il existe parmi ces suites, une pièce représentant une compagnie de dames et de cavaliers, marquée des lettres P. W. F., et finement gravée, qui pourrait appartenir à Paul de Wael. La détermination de tous ces points demanderait une description comparée des pièces ; elles existent en plusieurs états, avec des changements et des copies qui déconcertent par leur inégalité. L'atelier des Wael produisit fort négligemment ses estampes, chez des marchands italiens et flamands, et parut toujours osciller dans sa manière, entre le négligé italien et la propreté hollandaise.

XXIX.

Les eaux-fortistes avant Rembrandt.

1. Simon Frisius est un artiste peu connu, qui était venu de Leeu-
warden, graver chez Henri Hondius et chez Vischer des portraits et des
vues historiées, qui a eu la chance d'être remarqué par Abraham Bosse,
pour avoir imité en ses hachures la netteté et la fermeté du burin, et
aussi pour s'être servi du vernis mou et de l'eau-forte dont les affineurs se
servent à départir les métaux. On peut voir, par une foule d'estampes antérieures, que Frisius n'inventa rien et ne perfectionna rien en ce genre;
mais il mania, en effet, la pointe avec beaucoup d'accent, de flexibilité et
de carrure. Ses ouvrages, faits de 1608 à 1618, sont peu nombreux ; ils
sont originaux, même alors qu'il emprunte ses motifs à d'autres, à Ghe-
raerdts, à Goltzius, à Pierre Lastman. On voit, particulièrement dans
Les Sibylles, qu'il aimait à tourmenter les contours et à se singulariser
par la bizarrerie des formes, autant que par l'étrangeté des accoutrements. Il avait rapporté ses types de la Frise, pays singulier, dont la race se
croit indienne, dont les filles ont la taille cambrée, les yeux glauques, et
ceignent leurs cheveux blonds de diadèmes d'or et de pierreries. Cet idéal
le tint loin des gueux. Dans *L'Adoration des Mages*, la nativité est bien
exposée dans une étable de Hollande ; mais dans *L'Entrée à Jérusalem*,
la scène est très-poétiquement figurée aux pieds des remparts supposés
de la ville sainte. Quand il dessine des figures héroïques pour un frontispice des *Vues de diverses régions* d'après Matthieu Bril, en 1611, ou de
La Fortification de Samuel Marolois, en 1615, son burin prend une fierté
dans sa manière et une puissance de rendu qui expliquent son succès en
France. Bellange semble avoir été aperçu par lui quelque part ; il avait
peut-être vu aussi, de son côté, Tempesta ; les cerveaux brûlés s'enten-
dent de loin. Je n'ai pas trouvé cependant ses traces parmi les Flamands
qui gravèrent d'après le maître de Florence, et certainement il n'a point
été en Italie.

2. Un autre Frison, encore moins connu que le précédent, et moins
digne de l'être, montre encore le goût provincial assez artistement exprimé pour piquer la curiosité. C'est PETER FEDDES, de Harlinghem, qui
a marqué d'un monogramme formé des lettres PVH, un certain nombre
de pièces qui ont été la plupart décrites par Brulliot. Il était peintre, et
quelques-unes de ses compositions ont été gravées par d'autres. Il ne
quitta point son pays et garda un goût de dessin arriéré, avec des formes
allongées et arrondies, plus près de Frans Floris que de Goltz. Dans la
gravure, il eut la pointe large, courte et empâtée, plus près de Van der
Borcht que de Frisius. Voilà du moins ce que j'ai pu voir dans un petit
nombre de pièces de cet œuvre rare. Les estampes que l'on a à Paris ne
sont pas même citées par Brulliot : *Pygmalion*, assis et accoudé devant
sa Galatée, *L'Espérance*, les mains jointes, les yeux au ciel. Une fois fait
à l'étrangeté de ses figures, le curieux ne les trouve pas sans expression
et sans mérite. *La Cène* et *La Mort de la Vierge*, autres pièces que l'on
cite, en apprendraient peut-être davantage sur son style. Les figures
gravées pour le livre : *Hamconii Frisia*, Franekeræ, 1610 et 1620, ont de
l'intérêt au point de vue du costume local ; l'artiste a su garder ses qualités pittoresques, en représentant la série des princes hypothétiques inconnus ou rapprochés, depuis *Friso* le fondateur, guerrier couronné
armé du glaive et de la rame, représenté devant la ville de Staura, et le
Phanum Jovis slavonis, jusqu'aux archiducs de Bourgogne Albert et
Isabelle, figurés dans toute la rigueur de leur habit de cérémonie.

3. WARNER VAN VALCKERT, peintre, d'Amsterdam, passe pour un
élève et un imitateur de Goltzius. Comme graveur à l'eau-forte, il peut
être tenu pour un maître original, inventeur, dessinateur savant, très-
expressif dans ses têtes, et obtenant avec la pointe des travaux moelleux,
fins et libres, que je ne trouve à aucun autre graveur de son pays. Avait-
il été en Italie? avait-il vu des eaux-fortes de Sienne ou de Rome? On
ne le dit pas ; ses types sont de son pays, réels et même ignobles, avec
la seule beauté que donne l'adresse à rendre le naturel. Son œuvre n'est
pas long, mais il est plein d'intérêt : *La Cène, Saint Luc et son bœuf*,
devant qui un ange dresse une toile à peindre, 1648 (la pièce cintrée

est surmontée d'un écu à trois écussons et d'une guirlande d'instruments de peinture); *La Mort* enfonçant un trait dans le sein d'une fille parée que veut défendre son amant; *La Mort* invitant à la suivre au son d'une cornemuse un vieux couple attablé, 1612; *Vénus endormie* auprès de l'Amour, surprise par deux satyres, 1612. Ces différents sujets sont rendus avec autant d'esprit que de force, et laissent vivement regretter que Valckert ait tenu si peu de place dans les biographies des artistes hollandais.

Pierre Greebber, de Harlem, autre élève de Goltzius, eut une grande réputation dans son pays comme peintre. On lui donne une estampe, *La Samaritaine au puits*, gravée à la pointe avec une grande finesse, et cette pièce n'est pas sans charme malgré son extrême fini; mais il n'est pas sûr qu'elle soit faite avant les eaux-fortes de Rembrandt.

La manière des eaux-fortes antérieures à Rembrandt se reconnaît plutôt dans les estampes de Peter van der Plaes, peintre d'Amsterdam, qui travaillait de 1580 à 1620, et à qui Corneille de Bie a consacré une des hyperboles de son *Cabinet doré*. Les deux pièces qu'il a signées : *Vénus et deux nymphes jouant avec des enfants*, *Enfants s'apprêtant à fouetter une bacchante*, sont d'un goût pauvre et d'un travail assez moelleux, mais appesanti dans son système de traits fins et serrés. Ce graveur, fort peu connu, affectionnait les enfants. Huber a noté de lui, dans le catalogue de Brandes, une *Suite de groupes et jeux d'enfants*, en six feuilles. Ils sont, malgré leurs grosses têtes et leurs gros ventres, si peu étudiés sur la nature hollandaise, qu'on ne saurait, sans la pointe épaisse qui les a gravés, comment les distinguer des enfants du Français Picou ou de l'Italien Carpioni, faits, comme les siens, de pratique.

Gaspar Bleker, autre peintre de Harlem, a traité l'eau-forte avec plus d'abondance et montré dans ses estampes, datées de 1638 à 1643, le mouvement d'expansion qui se produisit alors en Hollande dans ce genre de gravure, en même temps que la confusion des types qui atteignit cette École comme les autres. Les premières, comme *La Résurrection de Lazare*, ont le dessin petit et les formes étriquées dans leur allure pittoresque, et rappellent la manière de Wtenbrouck; les autres, comme *Jacob embrassant Rachel au bord du puits*, sont très-largement dessinées et gravées avec la plus grande richesse de pointe. Le paysage et les animaux sont d'ailleurs traités avec une liberté et un nombre qui laissent loin la facture sèche des Savery aussi bien que la facture léchée des graveurs d'Elzheimer. Bleker grava cependant plusieurs compositions de Poelenburgh, qui continuait à Utrecht le système de ce peintre; mais dans plusieurs paysages de sa composition, aussi simples que largement traités, il a inauguré toute l'École nouvelle de paysagistes qui va suivre.

4. L'eau-fortiste le plus sémillant de ce groupe fut MOYSE VAN WTENBROUCK, appelé le petit Moïse, de La Haye; il travailla de 1620 à 1640, et Bartsch a distingué jusqu'à trois manières dans sa gravure : il a d'abord procédé à l'eau-forte pure, qu'il a mêlée ensuite de travaux au burin, et n'a employé à la fin que le burin seul. Considéré dans son style, Wtenbrouck se rapproche, dans ses premiers ouvrages, de Jean van de Velde, en évitant sa sécheresse et sa maladresse. Tel on le voit dans les suites de *L'Histoire de Tobie* et de *La Fable d'Argus*, mais il acquit bientôt plus de liberté et de largeur. Son dessin resta petit, ses têtes restèrent puériles, il ne fut jamais savant dans ses extrémités, mais il eut de la hardiesse de pointe; et même en employant le burin, il garda le sentiment de la lumière et le goût du déshabillé qu'exige le pittoresque.

Ses personnages sont presque tous payens; dans les rares sujets saints qu'il a traités, comme *Le Repos de la fuite en Égypte*, ses figures n'ont que des proportions rustiques. Il n'eut pas la correction et la noblesse des formes, plus attentif, en bon Hollandais, à la quantité qu'à la qualité; mais il eut ce qui en tient lieu, le style. Il excella à rendre *Une Baigneuse* dans le creux d'un rocher abrité de plantes grimpantes, et il varia ce motif sous toutes sortes de sujets fabuleux et rustiques, *Diane et Calisto*, *Salmacis et Hermaphrodite*. Il est difficile de croire que le petit Moïse ait fait ces scènes riantes où la fraîcheur des sites est toujours ravivée par le soleil, où une ruine classique vient s'arranger au milieu des feuillages, sans avoir vu l'Italie, sur l'imitation seule des compositions de Poelenburgh, dont il reproduisait la manière dans ses tableaux. Toutes ces pièces sont imprimées, il est vrai, en Hollande; mais je me persuade volontiers qu'il en avait rapporté les esquisses d'un voyage à Rome. N'est-ce point à

Rome qu'avait été dessiné aussi le portrait du peintre, eau-forte prise sur nature, le front dévasté, la moustache en croc, devant l'obélisque d'une place publique?

CLAS MOYAERT, d'Amsterdam, plus connu comme peintre que comme graveur, qui passe pour un des imitateurs d'Elzheimer, le maître de peintres et de graveurs d'une autre époque, peut, sur l'aperçu de deux petites eaux-fortes, *Mercure emmenant les troupeaux d'Argus*, et *Les Filles de Loth*, être mis à la suite de Wtenbrouck; la plupart des auteurs le distinguent à tort de l'artiste du même nom, qui fournit à P. Nolpe les sujets emblématiques de la vie de Marie de Médicis, et qui concourut peut-être à leur gravure. Le départ à faire entre ces artistes fort ignorés, doit être recommandé à ceux qui trouveraient de l'intérêt dans ces ouvrages des prédécesseurs immédiats de Rembrandt, bientôt éclipsés par sa gloire.

P. C. VERBEECQ, qui a été cité par Gersaint et par Huber, comme un eau-fortiste antérieur à Rembrandt, a eu l'honneur de voir sa plus belle pièce : *Ésaü vendant à Jacob son droit d'aînesse*, marquée à un second état du nom de ce maître [1]. Gersaint en trouvait la gravure fine et légère, mais un peu sèche, froide et sans effet. Les pièces que je connais de lui : *Un Berger de Roman assis au pied d'un arbre, Une Femme en buste décolletée coiffée d'un béret à plumes*, faites d'une pointe fine, moelleuse, ne dénotent qu'un talent d'amateur; il n'y a là d'ailleurs que l'année 1639; la date que lui donne Gersaint n'est point sûre, et l'antériorité à Rembrandt est contestable.

XXX.

Rembrandt.

1. La Hollande, prospère entre tous les pays du XVIIe siècle, était mûre pour un art qui n'eut rien à emprunter au dépôt classique de la vieille Italie, qui n'eut rien à envier aux chefs-d'œuvre admirés de toute

---

[1] Zani; *Enciclopedia*, tom. III, pag. 44.

l'Europe. Barnevelt, Grotius, Pauw, et d'autres grands pensionnaires avaient assuré à leur petite république, par le désintéressement et le génie civil, une prépondérance universelle; Cats, Huygins, Vondel avaient doté le pays d'une poésie et d'une histoire; REMBRANDT VAN RYN va refléter sur la peinture et la gravure hollandaises un rayon nouveau de lumière et de vie.

L'admiration que Rembrandt conquit dès le début ne s'est jamais lassée, mais elle a laissé dire bien des sottises. Les contes n'ont pas plus manqué à l'histoire de sa vie, que les préjugés à la critique de ses ouvrages. Descamps, qui a résumé les uns et les autres, raconte qu'il s'était fait passer pour mort, afin de vendre plus cher ses ouvrages, et qu'il avait peint des portraits avec un nez faisant saillie sur la toile autant que sur le visage de ses modèles. Gersaint, un grand connaisseur pourtant, disait qu'avec lui il fallait être indulgent sur la correction du dessin, sur le choix et les grâces de la composition; enfin, quand l'enthousiasme s'en est mêlé, on a dit de son œuvre qu'elle était *la légende démocratique dans sa cave industrielle.* Heureusement, des historiens scrupuleux et des critiques éclairés sont aussi venus : un archiviste de la Nord-Hollande, M. Scheltema, publie sa vie d'après les documents [1]; et, chez nous, un critique des plus sagaces décrit son œuvre avec un esprit auquel les catalogues de Gersaint, de Bartsch et de Claussin ne nous avaient point accoutumé [2].

Rembrandt, né en 1608, dans un moulin à drêche sur un des bras du Rhin, à Leyde, entra en apprentissage chez plusieurs peintres, Swanenburch, Lastman, Pinas. Il put apprendre, chez ces élèves d'Elzheimer, comment on obtient des lueurs sur la toile avec un pinceau, et sur le cuivre avec une pointe; mais il était de ceux qui n'ont pas de maître, qui tirent tout de leur fonds, même ce qu'ils apprennent, en le transformant. On a cru longtemps qu'il avait été à Venise, parce qu'on lisait *Venetiis* à la suite de son nom sur trois de ses estampes appelées *Têtes orientales*,

---

[1] *Redevoering over het leven en de verdiensten van Rembrandt van Ryn.* Amsterdam, 1853.
[2] Charles Blanc; *Histoire des peintres de toutes les Écoles,* in-4°, Renouard.—*Rembrandt reproduit par la lithographie,* in-folio, Gide.

dont l'une a été heureusement restituée par M. Ch. Blanc, comme le portrait du poëte Cats. Ce mot, mieux lu aujourd'hui, est son nom latin *Rhenetus*, et rien n'indique qu'il ait jamais quitté la Hollande. Mais il n'en avait pas moins vu du pays et acquis des connaissances. Les ports d'Amsterdam lui offraient tous les jours des Vénitiens, des Grecs, des Turcs et des Maldives, modèles de toute race et de tout costume. Il avait un goût passionné pour les ouvrages de l'art, les antiques, les tableaux, les habits orientaux, les armures et les estampes; on a publié l'inventaire de son cabinet, qui nous prouve l'étendue et le choix de ses études. A côté de statues, de bustes romains et d'un enfant sculpté par Michel Ange, on voyait chez lui des ouvrages de peintres italiens depuis Raphaël jusqu'à Annibal Carrache, et de peintres flamands depuis Van Eyck, qu'on n'attendait pas plus ici que les précédents, jusqu'à Adrien Brouwer. Sa collection d'estampes, telle qu'il n'en existait peut-être pas une pareille alors, indique aussi à quel point il s'était enquis de tout ce que la gravure avait fait d'important avant lui : chez les Italiens, depuis Mantegna jusqu'à Vanni et Tempesta; chez les Allemands, depuis Martin Schongauer, Cranack et Durer ; et, parmi les siens, Lucas de Leyde, Breughel, Hemsckerck et Goltzius; il n'avait point négligé notre Callot. [1]

Ce n'est donc point par ignorance ou par basse inclination que Rembrandt a choisi cette beauté que Gersaint trouvait détestable, cette nature à faire horreur et ces habillements de mascarade, selon l'avis de Descamps. Ce n'est pas non plus par insuffisance comme dessinateur; car s'il ne châtie point sa ligne, il ne l'a pas moins toujours dirigée avec autant de justesse que d'énergie. Les nombreux cahiers de dessin désignés dans son inventaire prouvent aussi combien ses études d'après nature avaient été profondes. On peut supposer enfin que Saskia Vuytenburg, la Frisonne qu'il épousa à 26 ans, que plusieurs autres femmes dont il avait des études dans son atelier, et dont il a fait des tableaux ou des estampes, comme *La Mariée juive*, lui auraient fourni des traits de choix. Mais Rembrandt n'est ni un idéaliste, ni un éclectique; c'est un artiste fantasque et vrai, dont l'œil de lynx voit l'humanité dans sa plus saisissante

---

[1] *Inventaire* publié par M. Immerseel, et traduit par M. Charles Blanc.

réalité à Amsterdam, et qui la transporte dans son œuvre sous le mirage d'une manière où brille aussi, comme sous le soleil, le bizarre, le sale et le laid. M. Charles Blanc, voulant expliquer ce goût de Rembrandt pour le côté pauvre des choses et la distance où il s'est mis des Italiens de la renaissance, a dit qu'il était la personnification la plus intime de l'art chrétien. Pour compléter cet aperçu, qui dévie ensuite en une comparaison avec le moyen-âge, moins juste, ce me semble, car Rembrandt est tout à l'opposite, on pourrait dire qu'il est réellement évangélique, comme devait l'être un enfant de la Réforme. Il identifia les sujets juifs et chrétiens avec les mœurs d'Amsterdam, en sorte que les anachronismes et les laideurs qu'on lui a reprochés sont les conditions mêmes de son génie, son titre religieux et national. Un éloquent exilé a dit, avec vérité, que Rembrandt est l'historien des Pays-Bas mieux que Grotius; que sa Bible est la Bible iconoclaste de Marnix, ses apôtres des mendiants, son Christ le Christ des gueux [1].

Nous avons vu, dans beaucoup d'œuvres précédents, comment le génie des graveurs répond aux fibres des Hollandais; celui de Rembrandt donna de ce fait la plus éclatante manifestation. Cet œuvre de trois cent soixante pièces, dont les dates s'étendent de 1630 à 1661, se refuse d'abord à toute division; on n'y peut établir d'ordre chronologique ni découvrir de gradation [2]. *La Petite présentation au Temple*, datée de 1630, est d'une légèreté de pointe consommée, et *La Femme à la flèche* de 1661, a toute la sûreté de main désirable. En tout temps, le graveur aima à se distraire d'un ouvrage de longue haleine par une rapide esquisse, et passa de la négligence la plus insouciante aux soins les plus délicats. La classification de ses ouvrages par sujets a admis aussi beaucoup d'arbitraire. Gersaint en faisait douze classes; M. Blanc les a justement réduites à six, et on pourrait peut-être les réduire encore, car Rembrandt n'a traité avec importance que les sujets bibliques et les portraits; les autres sujets, essayés en grand nombre dans tous les genres, même dans

---

[1] Edgar Quinet; *Marnix de Sainte-Aldegonde.* Bruxelles, 1854, pag. 250.

[2] Claussin cite sans autorité *Le Repos en Égypte* (N° 63) comme un de ses premiers essais dans la gravure, et *La Sainte famille* de 1654 (N° 67) comme un de ses derniers ouvrages.

le paysage et souvent avec le plus grand bonheur, ne présentent qu'un champ aux idées de sa fantaisie et aux caprices de sa pointe, où l'on a souvent de la peine à trouver même une intention. Pour nous, qui n'avons à le considérer que dans son ensemble et dans ses types, nous y verrons des rabbins, des astrologues, des arquebusiers, des marchands, des mendiants et des bohémiens, pris pour représenter les personnages bibliques, ou étudiés dans leur rôle propre sous tous leurs travestissements. Nous remarquerons au milieu d'eux *Le Portrait de l'artiste*, reproduit plus de trente fois avec des airs diversifiés, des accoutrements bizarres, mais qu'on reconnaît toujours à sa face ronde, ses petits yeux perçants, son maître nez, sa chevelure aux frisons dorés. Les matrones, les juives et les bohémiennes viennent ensuite bigarrer l'œuvre, et entre toutes se montre comme idéal, cette figure aux cheveux crêpés, aux yeux humides et aux chairs tendres, qu'on a appelée *Vénus au bain*. Il faut en prendre son parti : Rembrandt eut le goût dépravé, quant à la qualité des formes ; il n'évita pas les nez camus, les mâchoires bouffies, les cheveux rares, les bras maigres, les mains calleuses, les seins mous, les flancs avachis. Dans ses costumes, une richesse fabuleuse et une friperie dépenaillée se touchent ; mais au milieu de toutes ses incohérences, il atteignit avec précision son but, qui est l'expression.

Lorsque Rembrandt a voulu représenter *Adam* et *Ève*, il semble avoir eu en vue quelque couple sauvage des îles de la mer du Sud, plutôt que le couple hypothétique cherché par tous les artistes. Dieu, tel qu'il l'a représenté dans *Abraham recevant les trois anges*, n'est qu'un vieux Juif cachant un air madré sous une barbe séculaire. Le Christ et la Vierge de toutes ses scènes évangéliques ne sont que les plus pauvres gens des rues d'Amsterdam, de mine plus chétive encore que les autres figures, mais aussi plus compatissante. Il en a plusieurs fois changé le type, mais je n'ai jamais vu qu'il l'ait ennobli à la façon des Italiens, comme le trouve M. Blanc dans *La Descente de croix au flambeau* qui lui semble inspirée de Louis Carrache. Tout ce qui est grand n'est pas nécessairement italien ; et l'un des traits les plus beaux de cette estampe incomparable, est peut-être ce grand linceul vide qu'étend un serviteur sur toute la terrasse. Dans ses chefs-d'œuvre, que je n'analyse point ici : *L'Annonciation aux bergers*, *La Prédication de La Tombe*, *La Résurrection de Lazare*, *La Guérison des malades*, *L'Ecce homo*, Rembrandt compose et exprime toujours une scène humaine et vivante, le jeu des passions sur les figures, le mouvement dans la foule, l'éclat du soleil dans l'air et le vague des objets dans les ténèbres. En traitant ces drames immenses, en esquissant les sujets les plus délicats, tels que *Les Mendiants à la porte d'une maison*, ou les plus rapides, tels que *La Chasse aux lions*; en produisant les portraits d'*Éphraïm Bonus*, de *Sylvius*, de *Coppenol* et du *Bourguemestre Six*, il n'a rendu que la vérité et la vivacité de la vie, avec le privilége de la peinture la plus achevée et la plus libre tout à la fois.

Je parle de ces estampes comme si j'avais des tableaux sous les yeux. Le peintre de la Garde de nuit d'Amsterdam a été en effet le plus grand des coloristes de pointe. Il a eu pour cela des secrets qui ont été minutieusement recherchés par les nombreux enthousiastes de sa manière. Claussin[1] a même essayé une distribution technique de son œuvre, où il reconnaît sept procédés différents auxquels il faudrait ajouter encore des variétés de tirage. Sans établir de telles catégories, toujours insuffisantes à l'analyse, M. Ch. Blanc a fort ingénieusement décrit les procédés du graveur. Il suffit de répéter ici qu'ils consistent successivement dans le travail léger de la pointe sur le vernis, de la première morsure de l'eauforte, du second travail de la pointe sèche entraînant des barbes le long des tailles, puis des remorsures d'eau-forte et des retouches de pointe et de burin; enfin, des lavis, des salissures et des dépolissages du cuivre; tous moyens par lesquels le graveur obtenait les effets les plus rapides, les hachures les plus délicates, les teintes glacées, sourdes ou veloutées, et une variété d'effets dans ses diverses pièces, ou même de tirages dans la même pièce, où sa fantaisie s'est complu jusqu'à la bizarrerie, et qui semble faite pour dérouter et allécher les fanatiques en eaux-fortes : la Hollande en avait tout autant que de fanatiques en tulipes.

Quels que soient les jeux de cette pointe insaisissable, là n'est pas le véritable secret de Rembrandt. Avant lui, Parmesan et Meldola avaient obtenu des effets de lavis dans leurs eaux-fortes; il est parvenu, lui, à rendre les

---

[1] *Catalogue raisonné de l'œuvre de Rembrandt;* 1824, 2 vol. in-8°.

tons doux et brusques, les consistances et les aspects, les lignes prolongées ou brisées, tous les artifices de la forme et de la lumière, dans le désordre d'un art consommé. Il trouva ainsi la beauté, en poétisant à sa manière le pauvre Juif et la première venue d'Amsterdam. Hollandais jusqu'à la moelle et graveur de passion, il réagit contre l'arrangement affecté et contre le nerf tendu du grand buriniste qui l'avait précédé, par un relâchement de tous les muscles et par une liberté toute féconde. Il réagit contre les théories et les exemples venus de Rome, autant par sa manière de rendre la correction des formes, que par sa façon d'entendre l'Évangile. Inspiré de son temps et retrempé dans la nature, à l'égal des plus grands artistes, il eut un don unique : il fut sublime dans l'ignoble.

2. Rembrandt avait, dit-on, une École aussi fameuse que celle de Rubens ; mais, au lieu de s'assimiler ses élèves, comme le peintre d'Anvers, il les faisait travailler dans des cellules séparées et d'après le modèle vivant, afin qu'ils gardassent chacun son originalité. Des graveurs qui le suivirent, ses contemporains ou ses élèves, les uns l'imitèrent servilement, les autres se servirent de ses exemples, avec l'indépendance et la variété qu'admettait parfaitement une manière aussi capricieuse que la sienne. Je n'en parlerai point ici avec l'importance qui serait due à leur habileté comme graveurs, et à l'estime dont ils jouissent auprès des amateurs ; il me suffira de noter leur relation avec le Maître, et le mouvement particulier qu'ils purent donner à sa manière.

Jean-George van Vliet, de Delft, qui travailla de 1631 à 1635, vulgarisa la manière de Rembrandt, en perdant sa variété et sa fantaisie. Il exagéra ses effets en grossoyant ou en raffinant, et les rendit ou tranchants ou monotones. Il trouva des types plus ignobles encore, que ni l'expression, ni l'esprit de l'exécution ne vinrent relever. Ses sujets religieux, *Suzanne et les vieillards*, *La Résurrection de Lazare*, donnent des charges grossières, et franchissent le pas qui se trouvait quelquefois si facile après certains ouvrages du Maître. Mieux placé dans les sujets de paysans buvant chez des maritornes, Van Vliet ne fut guère qu'un artiste des jours gras pour Amsterdam ; c'est à peine si *La Vierge vis à vis saint Joseph*, éclairée par un beau rayon de soleil, garde quelque trace de la bonne et touchante expression de Rembrandt.

Jean Lievens, de Leyde, condisciple de Rembrandt chez Lastman, fut le plus sérieux et le plus spirituel de ses imitateurs. Eau-fortiste moins prestigieux, dessinateur plus attentif, il sut donner à ses estampes une force, une pâte et une lumière pleines de charme : dans *Jésus Maria*, se trouve toute la distinction que peuvent donner la douceur et l'expression. Il a même quelquefois, comme dans *La Résurrection de Lazare*, rappelé les effets les plus subtils du Maître.

Ferdinand Bol, de Dordrecht, apporta dans la manière de Rembrandt, une modération et une régularité qui l'ont placé très-haut dans l'estime des amateurs. Ses estampes, au nombre d'une quinzaine seulement, montrent d'ailleurs les dons les plus précieux de son École, de l'expression, et un vif sentiment de la lumière.

Gerbrant van den Eeckhout, d'Amsterdam; Janus Lutma, orfévre de la même ville, célèbres pour avoir ajouté aux procédés de Rembrandt des travaux au maillet; Salomon Koninck, pourraient encore enrichir de quelques eaux-fortes l'École que je parcours, mais ils mêlèrent sa manière à d'autres, et s'éloignèrent davantage de ses traditions.

3. Plus d'intérêt s'attache à l'œuvre de deux peintres des plus fameux dans l'École hollandaise, qui dans leurs eaux-fortes montrèrent, à côté de Rembrandt et dans une poétique plus basse et plus modeste, la portée d'un génie original.

Adrien Brawer, de Harlem, est connu comme le parangon de ces artistes, trop multipliés en Hollande, qui pratiquèrent leurs théories pittoresques, et sans doute pour représenter mieux des ivrognes, se jetèrent dans l'ivrognerie. Il vécut, peignit dans les cabarets et mourut à l'hôpital âgé de 34 ans, en 1640. Il y a longtemps que nous avons vu paraître les gueux dans la gravure hollandaise; les voici au dernier degré d'expression crapuleuse, mais relevés par l'esprit de la pointe la plus raffinée. Les dix-neuf estampes de Brawer ne nous donnent pas de type rare; mais son *Paysan entre un pot et une pipe*, et sa *Paysanne jouant du flageolet*, tout destitués qu'ils sont du coloris chaud et mordoré qui firent rechercher ses tableaux par Rembrandt et Rubens, amorceront toujours les amateurs du genre, par leurs membres ragots, leurs cheveux raides et leurs gri-

maces prises sur le fait; on y connaît aussi la hardiesse de son dessin
et l'intelligence qu'il eut de la lumière, mieux que dans les estampes que
gravèrent, d'après lui, Hollar, Vischer et Blooteling.

ADRIEN VAN OSTADE, venu de Lubeck à Harlem vers 1630, et formé
dans le même atelier que Brawer, chez Frans Hals, sut avec des mœurs
plus honnêtes et plus douces, sans avilir ses modèles et sans les traduire
en sujets religieux et fantastiques, trouver dans la représentation d'un
pauvre ménage de Harlem et de toutes les bonnes gens qui se groupent à
l'entour, un heureux champ pour les qualités les plus rares de la peinture. Ses eaux-fortes, dans les modestes limites où il les a tenues, expriment les sentiments doux et joyeux, la délicatesse et la vivacité dans les
formes rabougries, les expressions les plus fugitives, le sourire enfantin,
la bonhomie rusée, le mouvement des kermesses et les effets gradués de
la lumière, les transparences de l'ombre dans les intérieurs et sous les
tonnelles. L'analyse de l'œuvre de Van Ostade, composé de cinquante
pièces, datées de 1647 à 1679, qui épuisent tous les sujets de l'églogue
hollandaise et se compliquent chacune de plusieurs variétés d'état, nous
conduirait trop loin. Il ne faudrait pas l'isoler d'ailleurs de son École,
où brillèrent Cornelis Bega, le graveur carré des garnements et des libertins; Cornelis Dusart, le plus remuant et le plus comique des graveurs de
kermesses. Bornons-nous à indiquer que Van Ostade fit, avec les mêmes
héros que Rembrandt, d'autres poèmes : la nature n'y était pas prise à
un point de vue aussi fantastique et aussi sublime; mais, loin d'y être
enlaidie, comme l'a dit Descamps et l'a répété Bartsch, elle y est raffinée
dans sa vérité et subtilisée dans les sujets et les personnages qui paraissaient le moins susceptibles de qualités spirituelles et piquantes. Si nous
voulions comparer les types de Van Ostade, *Le Peintre à son chevalet,*
Le Vieillard et *La Fileuse,* aux types bien connus de Téniers, nous y
trouverions les mêmes différences qui s'observent entre le laboureur du
Brabant, gausseur épais et sauteur gauche, et le meunier des Polders,
lourdaud très-avisé, portant ses petites habitudes rangées jusque dans ses
bamboches. Dans la pratique de l'eau-forte, Van Ostade et ses successeurs
raffinèrent aussi les procédés de Rembrandt et les rapetissèrent. En admi-
rant tous ces raffinements dont l'analyse demande souvent le secours de

la loupe, on ne peut s'empêcher de remarquer déjà les petitesses et les manies où l'art se perdra : les maladies de la décadence atteignent aussi bien les graveurs de tabagies que les graveurs d'histoire. Les Hollandais, d'ailleurs, avaient su donner à leur art rustique la vertu des œuvres historiques, il en devait subir le sort. Ces symptômes de perfectionnement extrême et d'abus se font entrevoir à l'époque même où nous laissons l'École hollandaise, au milieu de la plus grande richesse et de la plus grande liberté, avant que Louis XIV ne soit venu faire sentir à ce pays les fléaux de son despotisme.

ÉCOLES FRANÇAISES.

XXXI.

Les graveurs de crayons.

1. La période de l'École française où nous entrons, s'ouvre sous un règne moins favorable aux arts que les précédents. A la cour de Henri III, où les femmes ont moins d'empire, où Catherine de Médicis a vieilli, les confréries de pénitents sont plutôt encouragées que les artistes. Le goût des images n'est pas moins vif, mais il s'éparpille et se rapetisse ; nous trouvons en première ligne des portraits, des vignettes et des placards. L'habitude de l'imitation étrangère n'a pas cessé, elle a seulement changé de lieu : les modes qui venaient d'Italie viennent maintenant de Flandre ; mais dans ce nouvel accoutrement tout n'est pas d'emprunt : notre air et notre esprit prévalent, surtout dans les crayons. Par eux, nos peintres acquirent un renom que les tableaux ne leur avaient jamais donné. Les Janet, les Quesnel, les Demonstier et beaucoup d'autres donnèrent à ce genre de portraits une originalité pleine de qualités françaises ; ils laissaient paraître entre les portraits italiens à l'expression idéale, et les portraits allemands à l'expression réelle, un agrément et un naturel qui faisaient leur fortune. La gravure ne pouvait manquer à ce genre, et nous voyons se former sous son influence, un groupe nombreux d'artistes, les uns Français d'origine, les autres Flamands, qui tâchent de proportionner leur burin à l'effet du crayon.

Jean Rabel, de Beauvais, a eu la bonne fortune d'un quatrain de Malherbe [1], qui nous apprend la vogue qu'il eut comme peintre. L'Estoile

---

[1] Il a été cité et commenté par M. de Chennevières ; *Recherches sur les peintres provinciaux*, tom. 1, pag. 165.

l'appelle « un des premiers en l'art de portraiture et qui avait un bel esprit; »
enfin, un poète de ses amis le célébrait en ces termes, sur le titre de la
suite des Sibylles :

> *Puisque donc, mon Rabel, ton art industrieux*
> *Trace si gentiment, d'une main héritière*
> *Du style Apellien, la sainte présagière,*
> *Qui nira ton burin présagé dans les cieux?*

Nonobstant ce concert, Mariette ne l'a donné que comme tenant rang
parmi ses compatriotes, presque tous fort médiocres; et M. Robert Dumesnil, qui a décrit son œuvre gravé en soixante et quinze pièces, n'a
relevé avec quelques éloges que ses portraits. Là, en effet, est le plus
grand mérite de Rabel. Il précéda Thomas de Leu et donna le ton à obser-
ver par le burin, pour la plus harmonieuse gravure des crayons. Son travail n'a pas le poli de Wierix, ni la force de Leu; mais il montre une douceur qui écarte la sécheresse de Boyvin et la maigreur de Woeiriot. Le
peintre n'attachait pas beaucoup d'importance à ses portraits gravés pour
la vente, il ne les a marqués souvent que comme marchand; ils sont d'une
exécution inégale, mais dans le nombre, qui s'étend depuis 1573 jusqu'à
1595, il y en a de très-remarquables : *Marguerite de Valois*, *Henri III*,
Remi Belleau, Birague, La Reine Loyse de Lorraine [1]. Ils suffisent pour
bien juger sa manière, pleine de vérité et de piquant, pittoresque malgré
la propreté du burin.

Mais Rabel ne s'en est pas tenu aux crayons. Papillon le fait graveur
en bois; il est certain du moins qu'il faisait des dessins pour les tailleurs
de bois encore florissants de son temps. Il s'était exercé à la gravure au
burin d'après de grands modèles; il avait copié *Le Martyre de Saint Laurent*
de Marc-Antoine, *Le Christ à la colonne* d'Albert Durer, et *Le Couronnement de la Vierge* de Corneille Cort, se rapprochant plus facilement
du dernier que des deux autres. Sa vaillance se montra dans quelques
compositions originales : *La Sainte face sur le suaire*, dédiée au P. Auger
jésuite, 1586, est d'une expression petite et froide, qui se relève par la

---

[1] Heinecken, *Dictionnaire manuscrit à la bibliothèque de Dresde*, cite un portrait de l'artiste
lui-même par un anonyme, dont la planche n'est pas terminée.

délicatesse du burin ; *La Vierge*, de la suite des Sibylles, tenant dans ses bras l'Enfant Jésus une rose à la main et se penchant tendrement sur lui, est d'une piété pleine de mignardise; toutes les délicatesses des traits et jusqu'aux fossettes des doigts ont été précieusement rendues par le graveur.

Les Sibylles paraîtront de mauvais goût, si on les regarde auprès de quelque type italien. Ce sont des figures dégingandées, anguleuses, affublées de costumes hétéroclites et cherchant des attitudes classiques; mais une fois qu'on aura accoutumé son œil à leur air provincial et qu'on ne demandera à des Picardes de 1586, que le genre d'agrément qu'elles comportent, on trouvera peut-être qu'elles ne sont dépourvues ni de style ni d'adresse. Leurs mines, leurs coiffes et leurs broderies les font ressembler encore aux belles dames qui font cortége à la Vierge, dans un des tableaux de la confrérie de Notre-Dame-du-Puy-d'Amiens, conservé au musée de la ville[1]. De pareils motifs d'éloge ne sauraient être allégués pour la suite des *Divinités du paganisme :* le dessin en est étriqué, prétentieux, dénué de l'élégance qui distinguait les ouvrages de Delaulne. La taille, quoique conçue dans le système sobre et ramassé de l'École française, ne sauve pas l'incorrection. Mais c'est ainsi que Rabel, en sa manière picarde, « s'advisait de graver au plus près de la naipve représentation que l'antiquité lui donnait[2]. »

2. THOMAS DE LEU, dont on ne produit pas l'acte de naissance, était peut-être originaire des Pays-Bas, où l'on trouve plusieurs familles Leeu et Leeuw, qui ont fourni de nombreux artistes imprimeurs, peintres et graveurs. Il signait même ses plus anciennes pièces, *Tomaes d. Leu*[1]. Mais il travailla dès 1576 chez Jean Rabel; c'est là qu'il apprit à graver d'après les crayons et d'après les maîtres flamands. La première pièce importante qu'il ait produite, *La Justice et le travail*, 1579, n'est qu'une copie de l'estampe de Cort, publiée en 1566. La précision du travail y accuse déjà

---

[1] M. Rigollot en a donné un trait dans l'*Essai historique sur les arts en Picardie*; pl. 39. Amiens, 1840, in-8°.

[2] *Les Oracles des douze Sibylles*, 1586. Avis préliminaire.

l'inclination du graveur; il n'était point fait pour les grandes compositions, et il s'adonna à la confection des petites estampes de dévotion, des
planches pour les livres et des portraits. Pour tous ces genres, il n'y avait
pas de gravure plus convenable et plus prisée que celle des Wierix et des
Collaert; il l'adopta et mit tous ses soins à polir, à lécher, à obtenir le
modelé dans les tons doux de l'ivoire. Il ne mania pas son burin avec la
puissance de Jérôme Wierix, et il n'eut pas le dessin hardi d'Adrien Collaert;
mais on peut lui trouver, comme dons particuliers, une gentillesse dans les
figures, et dans les portraits un naturel, étrangers aux graveurs flamands.
A côté des emprunts qu'il fait à Wierix pour de nombreux motifs d'imagerie ascétique, entre lesquels brillent les portraits de saint Ignace et de
sainte Thérèse, à Crispin de Pass pour les têtes du Christ et de la Vierge, il
reproduisit plusieurs compositions d'Antoine Caron son beau-père, et de
François Quesnel. C'est de ce côté qu'il faut chercher son type.

Caron, de Beauvais, déjà célébré du temps de la ligue[1], est encore
fort peu connu quant à son talent, ses ouvrages ayant à peu près tous dis-
paru. Autant que j'ai pu l'apprécier dans un dessin du Louvre, qui représente le sacre d'un jeune prince, scène théâtralement disposée dans un
portique d'architecture corinthienne, il détirait ses figures en rapetissant
les têtes et les extrémités, et montrait un dessin facile tout en polissant
beaucoup son ouvrage. Thomas de Leu suit d'assez près ces errements dans
les scènes qu'il a gravées pour les *Tableaux sacrés des figures mystiques
de l'Eucharistie* de P. Richome, 1601, et pour les *Tableaux de Philostrate*, 1614. Ses planches se distinguent toujours de celles de Léonard
Gaultier, qui a travaillé aux mêmes livres, par une gravure plus léchée et
une plus grande mignardise d'expression; aussi toute sa force fut-elle dans
la gravure des crayons. Toutes les qualités qui distinguent ce genre, le
modelé uni, la douceur du ton, la vivacité du regard, semblent être passées
dans ses tailles; et le burin ayant à concentrer son effet sur un petit champ,
a même accentué très-habilement les têtes sans leur ôter le naturel, qui
fait le plus grand charme de ces portraits. *Montaigne, Passerat, Caron,*

---

[1] Laborde; *La Renaissance des arts*, tom. I, pag. 228. — A. de Montaiglon; *Notice sur
Antoine Caron*. Paris, février 1850, in-8°.

pour ne citer que les plus intéressants, sont pris au vif dans son œuvre; *Henri III*, *Henri IV* d'après Bunel, *Louis XIII enfant*, y peuvent aussi être recherchés; *Marie de Médicis*, *Gabrielle d'Estrée*, y sont véridiquement portraitées avec leur beauté ne tenant rien de lascif, selon l'expression de d'Aubigné, leur physionomie ouverte, leurs cheveux étagés, leur corps et leurs fraises à baleines. De Leu a été moins heureux dans les pièces officielles : *L'Arc de triomphe de la reddition de Paris en 1594*, *La Conversion de Henri IV*, où le roi et le pape agenouillés en face l'un de l'autre et flanqués de saint Pierre et de saint Paul adorent l'Eucharistie portée par deux anges; *La Reine régente sur son trône*, d'après Fournier; *Le Sacre et couronnement de Louis XIII*, d'après Quesnel. L'adresse et le précieux du burin n'y compensent pas suffisamment la platitude de la composition; mais les pièces de ce genre ne demandent pas tant le sentiment pittoresque que la vérité des détails; ces qualités d'exécution ajoutent donc beaucoup à leur intérêt historique. On n'en saurait dire autant de toutes les effigies de saints qu'il fit pour le commerce ou qu'il fit faire dans son atelier par ses apprentis, qui furent très-nombreux, tant Français qu'étrangers. On peut nommer comme ne s'étant pas fait autre place ailleurs, Edmond Charpy, Carel von Bockel; les autres se placeront avec nos graveurs en taille-douce.

3. Léonard Gaultier serait né à Mayence en 1552, suivant plusieurs biographes; le fait a été déjà rectifié, quant à la date, par Mariette qui a fixé l'année de la naissance du graveur à 1561, d'après l'inscription d'une de ses estampes; je suis persuadé qu'il le sera aussi quant au lieu, par la découverte de quelque document; car Léonard Gaultier est Français d'un bout à l'autre de son œuvre, il procède de Jean Cousin et de De Laulne. Il fit, de 1576 à 1580, à l'âge de quinze à dix-neuf ans, une suite de *La Bible*, en cent quatre petites pièces, avec des inscriptions françaises, et dans une manière très-curieuse, montrant bien un graveur de vocation. Le travail en est dur et le dessin raide, surtout dans les premières; le débutant copie plus d'une composition connue, et imite les allures de De Laulne ou de Woeiriot, c'est-à-dire qu'il a les procédés des orfévres, leurs lignes arrêtées, leur pointillé, leur recherche du

relief. Mais il témoigne déjà un soin et une adresse précoces dans l'arrangement et l'attitude de ses petites figures, dans les jolis édifices où il les dispose, dans les lointains charmants qu'il sait ménager avec art et animer de petites scènes accessoires. La pièce de cette suite où il a écrit son âge, ACHEVE LE XX OCTOB. ÆTATIS XIX 1580, avec son monogramme formé d'un L et d'un G entrelacés, représente *Les Sept œuvres de miséricorde*, dans un carré de six centimètres, et c'est une des plus finies. *Les Forgerons*, marquée *Johan. Cusinus senon. inven. Leonar Galter fecit* 1581, nous montre le graveur se donnant plus de champ. L'estampe est faite à une époque où Jean Cousin vivait encore probablement, et traduit ce Maître avec le même précieux qu'on lui voit dans les estampes de De Laulne, mais avec plus de sécheresse. A la première manière du graveur appartiennent une Suite de Mois marqués de son monogramme, et *La Fable de Psyché*, qu'il data de 1586. On voit ici l'œuvre du Maître au dé singulièrement rapetissée, non sans agrément toutefois, par les formes sveltes et les tailles délicates qu'affectionne l'École française. La suite de portraits en pied qui forme l'ouvrage des *Théâtres ou tables des chevaliers du Saint-Esprit*, de 1579 à 1586, le montre encore dans des façons plus grandes, graveur sobre et fin.

En se perfectionnant dans le maniement du burin, Léonard Gaultier ne garda pas ses qualités premières; de bonne heure il s'adonna à la gravure des crayons et à l'illustration des livres. Les premiers portraits qu'il a faits: *Barnabé Brisson*, *Serralier*, sont dans la manière sèche de Woeiriot ; ceux qu'il fit ensuite, *Le Duc de Joyeuse*, *Le Duc d'Épernon*, sont traités dans la manière polie de Thomas de Leu ; les petites estampes qu'il donna pour un grand nombre d'ouvrages, le montrent aussi complétement gagné au métier de la taille-douce flamande. Plus tard, Gaultier renforça sa manière, mais ce ne fut qu'en se rapprochant de Crispin de Pas ; enfin, livré et asservi aux ouvrages de commerce, il n'est plus qu'un graveur monotone et appesanti. Dans ces conditions, une fois les défauts tolérés, on trouvera dans son œuvre des portraits bien accentués, des figures solidement dessinées, des frontispices agencés avec un goût de renaissance arriérée, enfin des pièces historiques d'une localité précieuse. Henri IV et Louis XIII enfant n'ont pas eu de graveur plus corsé : *Le Sceptre de milice de Henri IV, Le Dauphin en robe, Louyse de Lorraine douairière de France, Marie de Médicis en costume de veuve, Jeanne Darc en cavalier*, peuvent être citées, entre beaucoup d'autres, pour leur intérêt historique. Les compositions où il a groupé les mêmes figures : *La Représentation des cérémonies du baptême de monseigneur le dauphin, en* 1606; *L'Olympe français où sont représentés au naturel le roy la royne et les enfants de France,* 1607 ; *Le Sacre et couronnement de Marie de Médicis en* 1610, ne présentent dans leur ordonnance ni dans leur exécution le pittoresque recherché des artistes ; le dessinateur manque également de l'esprit nécessaire aux pièces facétieuses, comme on peut en juger par *Le Baladin spirituel et le baladin mondain;* mais il ne faut considérer ces pièces que comme des placards. Le public à qui elles s'adressaient, n'y demandait que de la propreté ; le graveur y mit par surcroît un soin, une curiosité, une force que n'ont pas les faiseurs ordinaires. Ces pièces, longtemps méprisées, doivent relever le nom de Léonard Gaultier, mieux que les grandes estampes qu'il a essayées d'après d'autres graveurs, où il n'a été qu'un dessinateur lent et vulgaire. *Le Jugement dernier* de Michel-Ange, qu'il grava d'après Martin Rota, peut bien montrer un graveur précis et expert; mais pour connaître la vraie portée de l'artiste, il faut voir le jugement dernier tel qu'il a pu le traiter dans un de ses plus jolis placards : *Le Passage du monde vray miroir de la charité*; et mieux encore, le jugement dernier tel qu'il savait le composer dans son jeune temps : c'est une estampe de dix centimètres de hauteur, représentant *Les Tourments des damnés, Inutilem servum iijcite in tenebras exteriores....*; elle est dessinée et gravée avec une gracilité particulière à l'École française, et qu'elle ne conserva point passé le XVIᵉ siècle.

4. JACQUES GRANTHOMME, qui a été mal à propos confondu avec le libraire Gourmont, avec l'auteur des estampes au monogramme J G de Lyon, et avec Jean-George van Vliet, parce qu'il a pris quelquefois pour marque les initiales J G arrangées de la même façon, était d'origine française. Il travailla d'abord à Paris. Heinecken, qui avait rédigé sur cet artiste une notice étendue où d'autres ont puisé, le fait travailler d'abord en Allemagne et s'établir ensuite à Paris. L'examen de son œuvre prouve

dans sa carrière une marche tout opposée. Il signa à Paris, dès 1574, comme imprimeur et comme graveur, plusieurs portraits faits dans la manière sèche et parcimonieuse qui était de mode avant Thomas de Leu : *Pierre Ramus, Remi Belleau, Feu M. le cardinal de Lorraine, Le Duc de Lorraine;* ils sont publiés chez le graveur ou chez Pierre Gourdelle ; le portrait de *Henri III* publié chez Rabel en 1588, et des pièces d'une Passion, qu'on cite comme gravées d'après le même maître, indiqueraient qu'il fut l'élève de Jean Rabel.

Granthomme dut être chassé de Paris par la Ligue; nous le trouvons à Francfort, dans les dernières années du XVIe siècle, travaillant avec Théodore de Bry et Robert Boissard. Il prit alors toutes les allures de cet atelier; même dans le portrait, on ne reconnaîtrait plus le graveur de crayons, tant il y met de dureté. Il revint en France sous Henri IV et publia des pièces historiques intéressantes pour ce règne : *L'Alliance du roy de France avec Marie de Médicis; Dieu qui voit d'un œil doux le royaume de France..... Jean Leclerc exc.,* 1600; *L'Emblème contre les ennemis de la France,* 1604; *Le Sommaire recueil des héroïques actions du roy,* 1609, et de nombreux petits portraits du roi et de la reine ; mais il s'établit définitivement à Heidelberg, où son travail, en prenant une plus large pratique et en se mettant à la piste des graveurs accrédités dans ce pays, Cort, Goltzius ou Sadeler, perdit toute distinction.

5. JACQUES DE FORNAZERIS était de Turin. On peut du moins le conjecturer, d'après la signature d'une estampe recueillie par Zani : *Jacob de Fornazeri faciebat Taurini,* 1596, et d'après le portrait du *Duc Charles-Emmanuel,* qu'il grava en pendant du portrait de Henri IV, en 1601, époque du traité entre la France et la Savoie. Ses premiers ouvrages sont aussi datés d'Italie. Depuis Marolles, on le considère comme le même artiste qu'Isaïe Fournier, peintre du roi Henri IV, travaillant au palais du Luxembourg au commencement du XVIIe siècle, et d'après lequel Thomas de Leu grava *La Couronne de justice,* une de ses plus jolies pièces; mais le fait est douteux, car le graveur n'a jamais signé que *J.* ou *Jacobus de Fornazeris.* Il est certain qu'il était en France dès 1601, et qu'il a constamment travaillé à Lyon ou à Paris jusqu'en 1622. Son œuvre n'offre pas

d'autres compositions que quelques saints et de beaux frontispices pour les libraires, entre lesquels brillent ceux des ouvrages de Pierre Matthieu. Plus exercé dans la gravure d'ornement que dans le dessin, il se fit un nom seulement dans la gravure de portrait, et y devint un buriniste des plus affinés, qui atteignit par le précieux de ses hachures jusqu'à la finesse de Wierix, en restant toutefois plus sec et plus raide. Ses portraits de *Henri IV* et de *Marie de Médicis*, gravés de grandeur naturelle, déterminent bien la façon de cet outil acéré voulant lutter de délicatesse avec le crayon. Il fut surtout vanté pour *Le Portrait équestre de Henri IV*, que je citais tout à l'heure. Comme le fini extrême du travail n'en exclut pas la dureté, je crois qu'on ne le recherche aujourd'hui que pour sa rareté [1]; mais il tiendra toujours une place insigne au milieu des nombreux portraits du roy vaillant. La famille royale eut encore le bonheur d'inspirer à Fornazeris une de ses plus précieuses estampes; elle représente Henri IV et Marie de Médicis, assis au milieu de leurs courtisans et écoutant la leçon récitée par le dauphin, l'un des jours de l'an 1605, sous cet intitulé :

> *C'est Henri très chrestien, très vaillant, très benin,*
> *Que tu vois figurer sur ceste lame douce.....*

6. La famille Briot, qui a donné sous Henri II un fondeur d'étain connu par de belles aiguières, et un graveur de monnaies célèbre comme inventeur du monnoyage au moulin, fournit maintenant un graveur à considérer. Son œuvre est très-diverse, mais la distinction de ses portraits lui fait une place à la suite de nos graveurs de crayons. ISAAC BRIOT grava d'abord des pièces de circonstance, d'un dessin pauvre et d'un burin dur. On ne peut les citer que pour leur intérêt historique : *Emblème sur la naissance de monseigneur d'Orléans*, 1607; *Le Roy sur son lit de mort*, 1610; *La Reine sur le trône à côté du dauphin*, d'après Quesnel, 1610. Il fut plus distingué en gravant quelques portraits où il approche de Thomas de Leu pour la finesse et le modelé, tels sont : *Esparron*, 1621 ; le numismatiste *Petau*, 1609; le cavalier *Marin*, 1621. Dans le portrait de *Malherbe*, il n'a fait que copier un portrait que Vosterman avait gravé d'a-

---

[1] On ne le voit plus aujourd'hui à Paris, qu'au Cabinet des estampes et chez M. Hennin.

près Dumonstier. Ses pièces de piété ne sortent pas de la routine des fournisseurs ordinaires. On peut rechercher encore les frontispices et les petites estampes qu'il fit pour les livres des poëtes et des romanciers, *La Caritée* de Comberville, *Les Métamorphoses* de Renouard; les portraits et les illustrations de l'Astrée ont droit à une mention particulière. La littérature précieuse des pastorales dont le roman de d'Urfé consacra la vogue, devait produire ses types par le dessin; et entre tous les artistes que nous verrons s'y essayer, Briot eut la chance d'en figurer le parangon d'après Louis Bobrun :

> *Duquel prends-tu plus d'avantage,*
> *Astrée, ou d'être de ton aage*
> *Toute la gloire et l'ornement,*
> *Ou d'avoir l'amour méritée*
> *D'un berger si fidèle amant,*
> *Ou qu'Urfé ta gloire ait chantée?*

ou que Bobrun et Briot t'aient gravée? pouvons-nous ajouter. La bergère a un teint d'ivoire, les traits mignons et potelés, le regard bleu; ses cheveux en menus frisons sont ornés d'un bouquet, son cou porte un rang de perles, et sur son épaule vient s'agrafer une draperie laissant libre toute la candeur du sein : ΕΧ ΑΡΕΤΗΣ ΑΓΑΘΟΝ ΚΛΕΟΣ.

Briot varia et élargit sa manière en gravant quelques pièces dans le goût de Michel Lasne et en reproduisant les Césars de Tempesta. Il s'attacha à la fin aux dessins de Saint-Igny, et prit pour cela la pointe, en la maniant plus librement qu'il n'avait fait le burin. Bien qu'il ne possédât pas la prestesse nécessaire à la manière d'un maître aussi fin, ce n'est pas un mince honneur pour lui de figurer avec Michel Lasne et Abraham Bosse, parmi les heureux graveurs du maître piquant de Rouen, à côté duquel nous le retrouverons.

Nicolas Briot, qui n'est point sans doute le même qu'un autre Nicolas Briot, tailleur général et graveur des monnaies du roi Louis XIII, quoique son burin dur convienne à un graveur de coins, et Marie Briot qu'on dit fille d'Isaac, ont aussi mis leur nom ou leurs initiales sur quelques pièces, qui varieraient sans beaucoup d'agrément le portefeuille de la famille, si quelque amateur prenait l'envie de le former.

XXXII.

Les graveurs en taille-douce.

1. La gravure sur cuivre, pratiquée comme nous venons de le voir, s'appela taille-douce, par opposition à la taille sur bois, à laquelle elle venait faire concurrence jusque dans les pièces qui avaient été exclusivement du domaine de celle-ci, comme les ornements des livres et les placards. La taille-douce passa pour une importation flamande. Le fait a été libellé dans un mémoire du procès que soutint Melchior Tavernier, pour le libre exercice de son état de graveur et imprimeur en taille-douce, contre les syndics et gardes des marchands libraires, imprimeurs et relieurs de Paris [1]. On y lit que Gabriel Tavernier, l'un des marchands d'estampes d'Anvers, où les arts avaient la plus grande activité, s'était établi à Paris en 1573, que le roi lui avait fait la faveur de le faire travailler en sa présence et avait tellement agréé son art, qu'il lui avait donné à graver les figures de tournois, tirées d'un manuscrit du roi Réné [2], et lui avait octroyé le titre de graveur et imprimeur en taille-douce du roi. André Thevet revendiqua aussi le mérite de l'importation, dans son livre des Vrais

[1] *Mémoire pour Melchior Tavernier*, in-4° de 24 pages, sans date, recueilli par Mercier de Saint-Léger et aujourd'hui à la Bibliothèque royale de Bruxelles. Il doit y avoir aussi quelque part, dans les limbes de la Bibliothèque nationale de Paris, le *Plaidoyer de Labbé pour Melchior Tavernier contre les syndics des libraires*, in-4°, dont le titre a été trouvé dans les catalogues. Fournier a cité aussi le *Mémoire de Labbé pour Melchior Tavernier* et les lettres de provision de 1618, qui le déclarent graveur et imprimeur en taille-douce de la maison du roy. *Dissertation sur l'origine et les progrès de l'art de graver en bois*, 1758, pag. 79.

[2] On ne retrouve pas de gravure des tournois du roi Réné, de ce temps. En 1624, Tavernier sollicitait encore le concours des États de Provence pour cette publication, qui se rattache sans doute au projet qu'avait eu en 1620 le savant antiquaire d'Aix, Peiresc, et qui ne reçut pas d'exécution. (Rouard, Notice sur la Bibliothèque d'Aix, in-8°, 1831, pag. 50.) Brunet cite cependant quinze planches, gravées en Italie par les soins de Fabri et de Peiresc. Nous ne connaissons de ces tournois que ce qu'en publia Wlson de la Colombière, dans son *Vray théâtre d'honneur*, 1648, et la grande édition faite en 1826 par MM. Champollion-Figeac, Dubois et Motte, sur les manuscrits du roi Réné, provenant de Peiresc.

Pourtraits et vies des hommes illustres, publié en 1584. Il se vante d'avoir attiré de Flandre les meilleurs graveurs : « Si bien, par la grâce de Dieu, a réussy ma diligence, que je puis me vanter estre le premier qui ay mis en vogue à Paris l'impression en taille-douce, tout ainsy quelle estoit à Lyon, Anvers et ailleurs. »

Après la revue que nous avons faite de tant de graveurs au burin, nous savons à quoi se réduit l'importation de Tavernier, de Thevet et de bien d'autres. Ils appliquèrent aux ouvrages ordinairement traités en taille de bois, le procédé plus propre et plus régulier du burin, et mirent en vogue les estampes dont les premières et souvent les seules qualités sont la propreté et le fini du métier. Leurs ateliers firent travailler une foule de graveurs médiocres, de Flamands chassés par les malheurs de leurs provinces, d'Allemands aventuriers, de Français toujours empressés d'adopter les modes étrangères. L'état du pays, sous la Ligue, favorisa ce mouvement ; même sous Henri IV qui obtint la paix de Vervins, et plus tard, la gravure flamande garda la vogue. Le libraire Abel Langelier, voulant illustrer son édition de Philostrate, en 1614, envoyait en Flandre pour avoir des planches touchées de meilleure main ; jusqu'en province, à Toulouse, la veuve de Jacques Colomiès avait fait venir du pays de Flandre « un maître tailleur graveur d'histoires er taille-douce, pour faire les planches d'un brebière et d'un missal » qu'elle avait commencé d'imprimer en 1594. Combien étaient préférables les allures libres de nos graveurs du XVIe siècle ! Mais l'histoire de l'art, de même que la grande histoire, est ainsi faite : le progrès n'arrive qu'à travers le mal. Le groupe d'artistes que je range ici n'a rien de sympathique. Les noms obscurs et les talents médiocres qu'on y trouve n'ont pas d'autre homogénéité que l'asservissement au métier ; ils prennent tous les genres et les confondent tous par la monotonie du travail.

2. PIERRE FIRENS, que Zani donne comme Flamand, et que Heinecken fait travailler en Italie, nous est connu surtout comme éditeur. Il grava lui-même, dans la manière de Thomas de Leu, des estampes de dévotion et des pièces d'histoire contemporaine de 1610 à 1626. Les plus intéressantes sont, parmi les premieres : *La Vierge allaitant l'enfant Jésus cou-*

ché dans son berceau, et *La Vierge tenant l'enfant Jésus et un chapelet*,
d'après un ancien maître; parmi les secondes : *Henri IV guérissant les
écrouelles*, *Le Sacre et couronnement de Louis XIII*, d'après F. Quesnel;
Les Sauvages amenés en France du pays des Topinambours en 1613,
d'après Joachim de Weert; les portraits en médaillon de Louis XIII et
Anne d'Autriche en regard, avec cette légende :

> *Lecteur ne trouble pas son aize,*
> *Le roy d'amour tout enflammé*
> *Est si discret qu'il ne la baize,*
> *Que lorsque le livre est fermé.*

Heinecken cite de lui: *La Vie de sainte Catherine de Sienne* d'après Vanni,
1612, en vingt pièces; mais il est probable que ce n'est qu'une copie
de la suite gravée par Pietre de Iode, car Firens, plus occupé de commerce que d'art, a souvent copié; il a reproduit les Sibylles de Crispin
de Pas, avec quelques différences. Comme graveur il eut de la propreté
et de la lourdeur, ne s'éloignant de la facture polie de Thomas de Leu
que pour imiter le métier le plus régulier des Flamands.

Jean Swelinck est un étranger, Hollandais croit-on; mais je le vois
travaillant chez Thomas de Leu et chez Messager, établi ensuite à
Orléans, et gravant une *Vue de l'île de Saint-Louis à Paris*, vers 1618 [1].
Sur ces renseignements, on peut le compter au nombre de ceux qui im-
portèrent chez nous la gravure de Wierix; il n'a guère fait que des
sujets pieux, dans la taille la plus polie et la plus serrée, avec un goût de
reflet de lumières, d'expressions mystiques et d'encadrements fleuris,
qui furent imités dans de nombreuses pièces de sainteté *ad majorem Dei
gloriam*.

Eli du Bois, dont Marolles cite *Le Portrait de Sully*, en 1614, était
Flamand, et avait publié chez Peter Ouerradt et signé *Elias van den Bos*,
avant de venir à Paris, plusieurs pièces copiées de Cort et de Sadeler, *La
Cène, La Flagellation*, décrites par Zani. Il publia à Paris chez Honervogt
et chez Nicolas de Mathonière, des pièces de dévotion et des pièces de cir-

---

[1] Citée par Bonnardot; *Histoire archéologique de la gravure*, 1849, in-8°.

constance : *Entrée de Louis XIII*, 1610; *Le Roi donne audience aux Venitiens;* les unes dans la manière polie, les autres dans une manière grosse, mais sans initiative et sans distinction.

Il y a encore pour ceux qui voudront faire l'histoire des Du Bois, parents sans doute d'Ambroise, le peintre de Marie de Médicis, un Antoine Du Bois, qui grava une *Sainte Famille*, copie assez libre, quant à la pointe, d'une estampe de Jean Sadeler d'après Spranger.

JACQUES PICART, de Châlons en Champagne, le plus vieux et le moins mauvais d'une famille de burinistes, fit des portraits, des frontispices, des vignettes de livres et des placards. Son *Portrait de Jean Chasteignier, seigneur de la Rochepozay*, 1606, montre sa sécheresse dans les crayons. Les pièces les plus intéressantes pour le curieux sont l'image de *Notre-Dame de l'Espine*, qui nous apprend son pays, et le placard, *L'Embarquement du roi et du cardinal de Richelieu pour La Rochelle*, en 1628, qui fut gravé sur le dessin d'un artiste dont les commencements doivent être notés, Abraham Bosse.

JASPAR ISAC, que Marolles classe dans les divers maîtres de France, et dont il avait recueilli vingt-sept pièces, a fait des portraits d'après Dumonstier, des frontispices, des images de dévotion, des placards et des bouffonneries ; le tout a plus d'intérêt pour la chronique que pour l'art: c'est *Le Connétable de Montmorency à vingt-neuf ans*, et sa veuve en *Artémise à son prie-Dieu;* c'est *L'Espousée de village* et *L'Espousée qui s'écoute pisser;* c'est *Margot*, dont je ne citerai pas la légende encore plus naïve, bien que tout l'esprit de la pièce soit là. Comme graveur, il ne fit que tâtonner de Thomas de Leu à Léonard Gaultier et à Michel Lasne; il voulut importer en France la peinture des kermesses flamandes, et ce fut sans succès : sa main était trop lourde et son burin trop obtus.

JEAN PICQUET, dont Marolles avait recueilli treize pièces, mérite d'être cité pour quelques jolis portraits d'après Daniel Dumonstier. Il essaya aussi de graver à l'eau-forte quelques bouffonneries, et y réussit moins encore que Isac.

HENRI LE ROY, connu surtout par *La Volière des oiseaux (muscarum scarabæorum......, Henri le Roi fe. æt. 72*, 1651), où nous apprenons qu'il était né en 1579, avait publié dès 1610 des frontispices et de petits sujets emblématiques, dans la manière la plus petite de Crispin de Pas et de Thomas de Leu. Son burin monotone ne sut donner aucun agrément à une pièce d'apothéose, où les Grâces et les Muses recommandent leur Henri IV à l'Immortalité, en déroulant une carte de bataille dans une galerie, au fond de laquelle est la statue du Roi : *Mœnia quot vertis Marte tot arte facis*..... Il a mieux réussi dans quelques pièces familières, où il se lança à la suite de Rabel et de tant d'autres : *Ceste musique harmonieuse — rend ceste douce troupe heureuse; Après avoir mal à ma teste —à prendre tabac je m'apreste*, signées *Henry Le Roy fecit et excu*, donnent une gravure assez propre, mais sans l'esprit indispensable à de tels personnages. Le Roy ne s'éleva jamais au-dessus du métier d'imprimeur en taille-douce.

3. MELCHIOR TAVERNIER, que je citais en commençant ce chapitre , fut imprimeur du roy Louis XIII, pour les tailles-douces, pour les figures de géographie, géométrie, fortifications, perspectives, architectures et fleurs. Dans quelques pièces qu'il a signées, il montra de l'acquis. Il paraît vouloir imiter le buriniste supérieur de son temps, Michel Lasne. Dans les limites de son industrie, l'entreprise des arcs de triomphe et des portraits historiés à la gloire du règne, on voit de bons exemples de sa main, tels que les planches du livre de Bellon, *Sibylla Gallica*, 1620; toutes les pièces sortant de son atelier n'étaient pas aussi bonnes. Le placard du siége de Montpellier, qu'il publia avec Mathonière, n'est curieux que pour un citoyen du lieu : la Miséricorde, la Justice et la Paix sur un char conduit par la Vérité, suivi du faux Conseil enchaîné, s'avancent vers le roi assis sur son trône; le plan de Montpellier occupe le fond de la scène, où les protestants viennent implorer le roi :

> *Montpellier, tourmenté des foudres de la guerre,*
> *Prosterné vers le roy, esvite le tonnerre.....*

Je fais grâce au lecteur de la suite du morceau, où le poëte se montre aussi misérable que le graveur : tous deux à la hauteur des circonstances.

Il y en avait bien d'autres à Paris, vers l'an 1620, qui exploitaient la gravure en taille-douce : JACQUES HONERVOGT, éditeur curieux de plan—

ches françaises et flamandes ; JEAN VAN HALBEECK, l'un des innombrables auteurs des portraits et des placards de Henri IV ; J. POINSART, graveur de *La Tapisserie de la pucelle*. Mais je ne peux m'égarer ici à la recherche des infiniment inconnus.

La province, pour qui voudrait explorer ce coin dans l'histoire de l'art français, fournirait aussi bien des noms à relever. Voici, pour ne citer que ceux dont je tiens les estampes, les artistes qui servirent le mieux la rénovation de la taille-douce : à Lyon, CLAUDIA BRUNAND, PIERRE FABRE ; à Aix, MARETZ ; à Arles, BEUF ; à Toulouse, JEHAN ARDENT, HUGUET, J.-E. LASNE. Le moment n'est pas encore venu où tout va s'effacer en province sous la prédominance de Paris ; malgré l'insipidité de leur métier, ces graveurs traduisirent quelquefois le fait local d'une manière intéressante.

4. Les graveurs d'ornement avaient, de leur côté, tout naturellement suivi l'usage de la taille-douce, et dans cette catégorie d'estampes, s'il nous appartenait d'y pénétrer, nous aurions encore plus d'un nom à citer parmi les orfévres qui poursuivirent la veine de la renaissance française, en l'altérant par toutes sortes d'imitations étrangères : Jean Vovert, Stephanus Carteron de Châtillon, J. Toutin de Châteaudun [1].

L'un de ces graveurs d'ornement mérite ici une mention hors ligne : c'est ANTHOINE JACQUART, l'arquebusier de Poitiers. Comme buriniste il paraît issu de Théodore de Bry. Avait-il gagné le Rhin dans son tour de compagnonnage ? Avait-il fait la guerre sous Henri IV dans le duché de Juliers ? A voir son portrait, on dirait un reitre ; mais c'est bien lui : *Anthoine Jacquart inventeur fecit Poictevin ;* il est historié de deux combattants et de deux arquebusiers forant. Le burin a du reste toutes les qualités de la profession : il est court, bien trempé et bien aiguisé.

L'œuvre de Jacquart, composé de plus de cent pièces [2] où se rencontrent les dates 1622 et 1624, ne comprend pas seulement des ornements,

---

[1] Leurs œuvres sont décrits dans le *Catalogue Reynard*, 3º part. in-8º, 1846.

[2] L'exemplaire du Cabinet de Paris n'en contient pas peut-être autant, mais M. Reynard l'évalue à ce nombre. *Catal. d'ornements*, 2º partie, pag. 81.

gardes, poignées, poires et gaînes, d'un travail de damasquinure sur fond noir, mais quelques sujets mythologiques ou pieux, pour des boîtes et des cadrans : *Les Cinq sens de nature*, représentés par des enfants, 1624; *Les Divers pourtraits et figures faictes sur les mœurs des habitants du Nouveau-Monde*, petites frises de jeux et exercices sauvages, et même quelques grandes compositions. Le dessin y a du nerf et la gravure de l'effet; s'il y a dans les formes plus de saillie que de grâce, et si le sujet quelquefois manque de délicatesse, comme dans le sens de l'odorat, il n'en satisfaisait que mieux les clients ordinaires des fourbisseurs, pour lesquels Jacquart faisait ses modèles. Toute sa pureté est dans l'arabesque. C'est sans doute aussi pour un coffret, que Jacquart exécuta en 1622 une grande estampe, dont le sujet curieux est *L'Apothéose de saint Ignace et de saint François-Xavier : A primo geminata parelia sole..... observant meteora soli.* Des docteurs en bonnet carré, réunis autour d'un quart de cercle, observent un phénomène que l'on voit représenté dans les nues par la parélie des images du Christ et des deux jésuites. Il grava la même année une pièce beaucoup plus grande, *Allégorie d'un triomphe académique*, aux armes d'un Bourbon, auquel préside Henri IV du haut des cieux [1]. Mais l'artiste n'a montré dans ces compositions qu'une grande pénurie comme peintre et même comme graveur. C'était avant tout un ciseleur d'armures; il faut chercher ses plus dignes ouvrages au musée d'artillerie ou à l'hôtel de Cluny. Nous n'avons ici que les patrons qu'il en traçait pour l'instruction des ouvriers, et qui ont si bien couru les ateliers, qu'on ne les trouve plus.

XXXIII.

Les placards. Les tailleurs d'histoires.

1. Nous avons rencontré déjà les placards historiques; ces feuilles, faites d'images et de prose ou de vers, qui étaient « criées et prêchées par tous endroits et quarrefours de la ville,» se multiplièrent tant, à partir

---

[1] *Estampes du roy Henry IV, recueillies par le sieur de Gaigé*, à la Bibliothèque nationale.

du règne de Henri III, que j'ai cru devoir en faire une classe séparée. Elles offraient la représentation des personnages en évidence, des événements saillants, des motifs d'allégorie politique ou de satyre personnelle et venaient, en même temps que les libelles, nourrir la curiosité publique et servir de brandon aux passions des ligueurs et des politiques. La chronique y trouve certainement plus de pâture que l'histoire de l'art ; celle-ci cependant resterait incomplète, sans la revue des placards qui succédèrent aux publications de Tortorel et de Perissin. Je citerai d'abord ceux qui sont exécutés en taille-douce et qui paraissent l'œuvre des graveurs que nous avons vus ; la négligence plus grande de l'ouvrage et souvent le danger de la publicité leur ont seulement imposé l'anonyme [1].

Le mariage d'Anne duc de Joyeuse mignon de Henri III avec Marguerite de Lorraine, 1581, est une composition mesquine de dessin et de gravure, mais le goût en est d'une vérité piquante; *L'Apréhension des catholiques* est aussi d'une manière fine et serrée ; *La Mort du duc de Guise : brevis et perfecta descriptio*, est d'une hachure plus courte et plus pesante, bien qu'également imitée des Flamands; mais ces pièces, on le comprend, puisent leur intérêt ailleurs que dans le mérite pittoresque. Il s'agit seulement d'y trouver de la couleur locale. On trouve aussi cette qualité dans *L'Assassinat de Henri III par Jacques Clément* et dans *Le Portrait du roi* en tête du pamphlet des hermaphrodites, 1602, représenté avec des formes et des habits à moitié féminins. Le succès en était d'ailleurs avivé par toutes sortes de légendes bibliques, morales ou poétiques, dont les auteurs auraient pu dire, comme plus tard Scarron : *Mes vers à vos placards servent de passeport.*

---

[1] J'ai noté toutes ces pièces d'après la Collection de Fontette au Cabinet des estampes ; *Histoire de France par estampes*, vol. XII et suiv., et d'après la Collection de Pierre de l'Étoile, à la Bibliothèque nationale, intitulée : *Les belles figures et drolleries de la Ligue, avec les peintures, placcars et lettres injurieuses et diffamatoires contre la mémoire et honneur du feu roy, que les oisons de la Ligue appeloient Henri de Valois, imprimées, criées, préchées publiquement a Paris, par tous endroits et quarrefours de la ville l'an 1589, desquelles la garde qui autrement n'est bonne que pour le feu, tesmoignera à la postérité la meschanceté, vanité, folie et imposture de ceste Ligue infernale, et de combien nous sommes obligés à nostre bon roy, qui nous a délivrés de la servitude et tyrannie de ce monstre.* Ce précieux recueil n'a jamais été décrit.

2. Au nombre des étrangers qui vinrent à Paris sous Henri IV, un Polonais mérita de l'estime pour ses placards. IOAN ZIARNKO, qui écrit aussi son nom en latin *a grano Leopolico polonus*, et en français *Le Grain*, a gravé d'une pointe dure, avec plus de métier que d'agrément, *La Vierge du mont Carmel apparaissant à cinq saints*, et plusieurs pièces historiques de 1610 à 1624 : *Ouverture des États-Généraux* en 1614, *Ouverture de l'assemblée des notables* à Rouen en 1617, *Triomphe général des victoires du roy*, 1623 ; le plus curieux et le plus expressif de ces placards est *Le Lit funéral de la royne Marguerite*, 1615. Je ne sais si Le Grain était peintre, mais il fut dessinateur ; Mellan a gravé d'après lui une petite pièce : *Un Chanoine agenouillé devant saint Augustin et saint Jean capistran de Hongrie*, qui doit être un de ses premiers ouvrages. Plusieurs des pièces citées sont faites à l'eau-forte, et bien qu'elles soient de cette exécution imagière exigée pour les placards, on y découvre de la largeur et de la prestesse, quelquefois même de l'agrément, comme dans *Le Feu d'artifice*, qu'il a dessiné pour je ne sais quelle fête.

3. Le nom que l'on rencontre le plus souvent sur les placards des règnes de Henri III et Henri IV, est celui de JEHAN LECLERC, marchand tailleur d'histoires ; établi d'abord rue Frementel à l'Estoile d'or, et ensuite rue Saint-Jean-de-Latran à la Salamandre royale, et l'un des plus féconds éditeurs d'estampes de ce temps. Il fut en même temps graveur en taille-douce et sur bois. *La Colonne dressée à Rome en la place Saint-Antoine*, 1596 ; *Le Portrait de la pyramide dressée devant la porte du palais en 1597*, placard de l'arrêt contre Jean Châtel ; *La Délivrance de la France par le Persée françois*, placard en vers ; *L'Emblème sur le bien et désiré mariage de Henri de Lorraine et de mademoiselle de Bourbon*, sont gravés au burin d'une manière lisse qui, en se rapprochant beaucoup de celle de Firens, garde plus de carrure et paraît lui être propre. Plus d'honneur lui reviendrait encore des trois pièces si connues de l'entrée de Henri IV : *La Réduction miraculeuse de Paris, comment le roy alla incontinent à l'église Notre-Dame, comme Sa majesté même jour estant à la porte Saint-Denis* ; mais peut-on les lui attribuer ? elles sont mar-

quées seulement *N. Bollery pinxit. Iehan Leclerc excudit* [1]. Outre leur
intérêt historique , elles ont le mérite de reproduire le dessin d'un peintre
peu connu, Nicolas Bollery, que Félibien a cité comme l'oncle et le
premier maître de Blanchard. Je n'ose trop louer des compositions aux-
quelles manquent tant de qualités essentielles de l'art; cependant, les plus
prévenus y trouveront ce qu'on chercherait en vain dans le savant tableau
que fit sous la Restauration M. le baron Gérard, la vérité; une bonhomie
toute française y tient lieu d'expression et les costumes sont pris sur le fait.

Leclerc publia d'après le même maître un *Livre de portraiture* [2], dont
le titre indiquait des figures recueillies des plus excellents peintres de
toute l'Italie, mais qui ne contenait en réalité que des modèles italiens ou
flamands, légèrement ridiculisés par l'association d'un dessin insuffisant,
de formes hasardées et d'une gravure très-propre. Il rendit plus de services à l'École française, lorsqu'il publia de nombreuses éditions du livre
à dessiner de Jean Cousin. En soutenant vaillamment la gravure sur
bois, il est le dernier qui ait porté avec distinction le titre de tailleur
d'histoires.

Le *Credo*, en douze pièces publiées en 1596, *Les Figures de la Sainte
Bible* en cent cinquante-six pièces, 1614, et *Les Figures du Nouveau Testament*, en cent six pièces, toutes de format in-folio et en largeur, ne sont
pas des ouvrages sans mérite. Il y a sans doute des négligences, des plati-
tudes, des copies; mais il y a aussi des compositions grandement ordon-
nées et de bonnes réminiscences de Jean Cousin. Les types y paraissent
dérivés des vieillards barbus et des filles découplées de ce maître. La taille
en est fort inégale, souvent grosse, appesantie dans les fonds et occupée
des difficultés du métier. Ces planches portent plusieurs marques dont
Papillon a disserté [3], mais sur lesquelles on n'a bien reconnu que celle

---

[1] Il y en a un autre état sans marque. Elles font partie du livre de La Rochemaillet : *Théâtre
géographique*, 1682, mais ce ne fut pas probablement leur première édition. J'en connais une
copie réduite par Jacques Picart, tirée d'un vol. in-12.

[2] Il est indiqué par Heinecken en trente-six pièces , mais je n'ai sous les yeux que le frontispice, où l'adresse porte la date , rafraîchie sans doute, de 1659.

[3] *Traité de la gravure en bois*, tom. I. pag. 266. Le bonhomme a même cru que l'une de ses
marques formée des lettres N. P., désignait Nicolas Poussin à ses débuts.

de Jean Leclerc formée des lettres I L C ; on ne peut donc hésiter à lui
en attribuer une partie et sans doute les meilleures : *La Création* et les
autres pièces du Credo, *Mathathias et Judas Machabée devant Antiochus*,
dans l'ancien Testament ; *L'Enfant prodigue* dans le nouveau, etc. Ainsi
traitée cependant, la taille de bois ne pouvait lutter avec la taille-douce,
et les Bibles de Leclerc tombèrent dans un grand discrédit. L'éditeur eut
plus de succès probablement en s'appliquant aux placards et aux portraits
historiques. Il suffit, pour s'en convaincre, d'en regarder quelques-uns :
Le Pourtraict et description du politique de ce temps :

> *Quel est ce monstre icy et comment il a nom*
> *Des Grecs est dit Syrène et des Hébrieux Dagon ;*
> *Et ce siècle aujourd'hui Politique l'appelle....*

Charles de Bourbon, comte de Soissons, grand-maistre de France :

> *Un Dieu fut le parrain de ce cœur magnanime,*
> *Et le mit icy bas pour son Roy maintenir....*

Un dessin solide, une taille assez sobre y relèvent des figures du plus
grand intérêt historique.

4. Beaucoup d'autres tailleurs de bois exploitèrent les placards ; à dé-
faut de leur nom, on doit citer ceux des marchands qui les publièrent.
Parmi eux, il y en eut peut-être qui surent manier le canif ; ce sont :
Nicolas Leroy et François Gence, Jacques Lalouette, Anthoine Dubrueil,
Roland Guérard et Nicolas Prévost, Jacques de la Carrière, Jean Guérin,
Paul de la Houve, Nicolas et Michel de Mathonière. Leurs pièces montrent, malgré leur inégalité et quelquefois leur grossoyement, des qualités propres à la gravure en bois de l'École française, la carrure et la
sobriété des tailles, la solidité du dessin et la vérité des portraits ; les accidents dramatiques et les personnages lugubres de ces années de révolution religieuse, y sont traduits avec crudité ; on les trouve quelquefois
même rehaussés d'une enluminure.

On voit d'abord *La Première procession de pénitents* célébrée en 1583,
où les curieux reconnaissaient sous le sac et le capuchon, le roi

Henri III, M. de Guise et M. de Mayenne ; les caricatures du duc d'Épernon, mignon privilégié du roi, l'objet particulier des haines catholiques,
dont le cynisme dépasse les quatrains de la satyre Ménippée : *Le Souffle-
ment et Conseil diabolique d'Espernon à Henri; C'est y cy le pourtraict
du Diable de Nogaret; Les Propos tenus à Loches entre Jean d'Espernon
et son diable familier, lorsqu'il lui prédit sa descente aux enfers, fidèlement récités mot pour mot :*

> *Te voillà maintenant, en grand dévotion*
> *Allons légèrement détache ta braiette.*
> *Proserpine est là bas qui attend la Valette,*
>
> . . . .

Viennent ensuite les nombreux placards des événements de Blois,
paraissant avec le privilége de Messieurs du Conseil : *Démonstration de
l'Assemblée publique des Estats de Blois*, représentant l'assemblée, la
communion, le dîner, l'assassinat; *Pourtraict et description du massacre
proditoirement commis au cabinet, par l'autorité du roy, en la personne
de Henri de Lorraine; Cruauté plus que barbare infidelement perpétrée
par Henry de Valois ennemy des catholiques du royaume, en la personne
de M. le Cardinal de Guise; Comme les deux princes morts sont mis sur
une table avec la remontrance de Madame de Nemours.*

L'assassinat du roi ne fut pas moins vivement exploité : les portraits
de Jacques Clément, qui était à la fois, comme on sait, canonisé à Paris
et préconisé par Sixte-Quint, et ceux de *La Vierge religieuse violée à
Poissy par le roy; Ycy se voit comme Henri de Valois a esté mis à mort
par un religieux; L'Histoire au vray de la victoire obtenue par Jacques
Clément :*

> *Un jacobin nommé Jacques Clément*
> *Considérant le mal qu'Henry fesait en France,*
> *Lui porta une lettre et alors promptement*
> *Lui donna du couteau au travers de la panse.*

La Ligue à son tour paraît bientôt bafouée : *Les Entreparoles du manant
du ligué et du maheutre*, 1593 ; *La Pauvreté et lamentation de la Ligue,*

vieille déguenillée et les cheveux hérissés, assise sur des ruines; *Pourtraict de la Ligue infernale*, monstre à deux têtes, en habit de moine, le pied fourchu; ce dernier bois, illustrant comme les autres un placard en vers, est des plus grossiers et porte la marque :*Faict à Lion par* LÉONARD ODET. Voici enfin la procession : *Amburbica Armati sacricolarum agminis Pompa, Luteciæ*, 1593. Sous Henri IV, tous ces placards satiriques dégénèrent. On ne trouve plus, traitées avec quelque importance, que *La Joyeuse et triomphante entrée de Henri IV à Rouen* en 1596, et la catastrophe de 1610, *Le Roi mort sur son lit de parade;* à moins qu'on ne veuille compter encore à la gravure en bois les canards populaires exploités par les marchands de tout étage: *L'Homme cornu descouvert au pays du Maine* et *Le Baptême des trois Sauvages ou Tououpinambous.* Toutefois, ce n'est pas toujours sans profit pour l'art qu'on recherchera les pièces de moralité de nos derniers tailleurs d'histoire. Disciples tardifs de la vieille école, tandis qu'autour d'eux la gravure se façonne à de nouvelles modes, ils étalent sans gêne dans ces estampes populaires, leurs types paysans, les rudes coups de leur eschoppe et leur humeur gauloise. Tel est le mérite d'une suite de pièces in-folio en largeur, qui représentent *Les Noces, danses, jeux, esbas des bergers et des bergères;* des tablettes placées çà et là, contiennent les mots joyeux et les dictons en tercets et sixains. Il y a plus d'une sottise dans cette poésie et plus d'une ânerie dans le dessin de ces figures; mais on y voit aussi des membres découplés et des vêtements accorts, qui ont un arrière-goût de Jean Cousin; une bonne disposition des personnages, un aménagement ingénieux des derniers plans. Plus d'un maître pourrait se faire honneur d'avoir composé la dernière de ces planches, qui représente pastoureaux et pastourelles fuyant avec leurs moutons devant la Mort qui les pourchasse.

5. Une place à part doit être faite, parmi nos marchands et tailleurs d'histoires, à JEAN et FRANÇOIS DE GOURMONT, frères, demeurant rue Saint-Jean-de-Latran, qui publièrent en 1587 *Les Tableaux accomplis de tous les arts libéraux*, de M. Christophe de Savigny. Ils descendaient sans doute de Robert et Gilles de Gourmont, libraires connus par leurs marques, de 1505 à 1523, dont on trouve la reproduction dans le frontis-

pice du livre de Savigny, et de Jean de Gourmont, graveur au burin dont j'ai déjà parlé. On ne sait pas la part qu'ils eurent dans la taille des bois qui ornent leur livre; les éditeurs parlent, dans l'avis au lecteur, de tout excepté de leurs gravures; il ne suffit pas, pour les croire graveurs, d'y voir leurs initiales accolées et cramponnées d'une de ces girouettes qui furent les enseignes de tant de libraires; mais ils ont dans tous les cas le mérite de la publication. Les planches de ce livre, composées des instruments et des emblèmes des divers arts, ne présentent pas d'autre intérêt que le propre et l'ingénieux de leur composition; mais le frontispice est une des pages les plus heureuses de la gravure en bois française. Il représente l'auteur offrant son livre au duc de Nivernois; les figures en sont dessinées avec solidité et gravées avec cette sobriété que nous avons si souvent signalées dans nos bons tailleurs de bois, plus occupés à modeler avec force qu'à ombrer et à colorer leurs estampes.

CHRISTOPHE LE SUISSE, dont j'ai déjà parlé à propos de Stimmer, eut décidément la réputation d'un très-habile tailleur d'histoire à Paris, où il demeurait rue Saint-Jean-de-Latran; mais cette réputation n'a pas duré assez longtemps pour nous fixer sur son nom. Elle est constatée non-seulement par les témoignages de Marolles, de Fournier, de Papillon, mais encore par la légende d'une de ses planches : *Portrait de l'armée de l'empereur turc rangée en bataille*, profitée par quelque éditeur qui en fit l'oraison funèbre de l'artiste, « de celuy qu'on appelait vulgairement le Suisse, lequel, bien qu'il n'ait iamais gravé qu'en bois, a faict toutes fois en son temps des pièces si excellentes, qu'elles méritent d'estre parangonnées au plus délicat burin de la taille-douce..... » Cette planche ne se recommande, en effet, que par la petitesse et la propreté du travail; dans un sujet fort peu pittoresque en lui-même, la taille de bois est parvenue à l'oblitération de toutes ses qualités; elle intéressera cependant ceux qui aiment à suivre un art jusqu'à extinction de chaleur naturelle. Cet atelier de taille de bois, venu de Suisse en France, est allé peut-être mourir ailleurs. Un ancien historien anglais de la gravure, Evelyn[1], nous dit que les Switzer père et fils gravaient sur bois à Londres

---

[1] *Sculptura, or the history and art of chalcography.* Deuxième édition, London 1755, pag. 92.

au commencement du XVIIe siècle ; ils illustrèrent plusieurs livres d'histoire et de botanique, que Chatto cite encore comme preuves de la décadence de l'art.

6. Des qualités toutes différentes se retrouvent sur un portrait en bois célèbre de la reine Marie de Médicis, dont je dirai ici quelques mots, parce qu'on n'a point hésité, depuis Fournier et Papillon, à le prendre pour un ouvrage de la reine elle-même qui, cette fois seulement, aurait manié l'outil du graveur sur bois. La preuve en était tirée non-seulement de l'inscription au bas du portrait : MARIA MEDICI F. MDLXXXVII, mais encore d'une note écrite de la main de Philippe de Champagne sur l'exemplaire conservé au Cabinet des estampes : *Ce vendredy 22 de feburier 1629, la reyne mère Marie de Médicis m'a trouvé digne de ce rare présent fait de sa propre main. Champagne.* Cette note, qui a été lue par M. Robert Dumesnil comme elle l'avait été par Fournier et par Papillon [1], n'est point suspecte; cependant, un historien de la gravure en bois fort recommandable, W.-A. Chatto, s'est refusé à admettre que Marie de Médicis ait jamais pu graver en bois. Il met la note sur le compte de la crédulité de Papillon et interprète la lettre F de l'inscription, non par *fecit* mais par *filia* [2]. On peut conjecturer, pour concilier la note et la critique, que Marie de Médicis, âgée de 14 ans et résidant encore à Florence en 1587, l'année même où moururent son père le grand-duc François-Marie et sa marâtre Bianca Capello, avait dessiné elle-même ce profil assez fier de sa figure, sous la direction de quelque maître de dessin, et qu'il fut taillé en bois par quelque artiste exercé, mais ici

[1] Fournier; *Dissertation sur l'origine et les progrès de l'art de graver en bois.* Paris 1758, pag. 76. — Papillon ; *Traité historique et pratique de la gravure en bois.* Paris 1766, tom. I, pag. 260. — Robert Dumesnil ; *Le peintre graveur français*, tom. V, 1841, pag. 66. M. R. D. a lu la date MDLXXXII, qui ne pouvait se rapporter, disait-il, qu'à l'âge de la princesse qui n'était alors que de neuf ans, et non à la composition de la planche. Mais Papillon et Fournier avaient lu MDLXXXVII, et c'est bien cette date que je lis sur l'exemplaire actuellement sous mes yeux. Je ne sais si M. R. D., ordinairement si exact, a vu de son côté un autre état de cette pièce qui n'est point des plus rares.

[2] *A treatise on wood engraving historical and pratical*, London 1839, pag. 547.

d'autant plus disposé à laisser disparaître sa personnalité, qu'il travaillait sur un dessin princier. Ce portrait, apporté depuis en France comme exemple des heureux dons de la princesse et aussi comme signe de sa beauté précoce, a pu passer pour son propre ouvrage et être donné comme tel à un peintre chargé de faire d'elle un autre portrait. Le conservateur du Cabinet des estampes, M. Devéria, m'a signalé une pièce dont l'analogie avec celle-ci est évidente et qui porte la même date : c'est *Le Buste d'une princesse florentine*, profil marqué sur l'agrafe du corsage d'un L et d'un o inscrits l'un dans l'autre ; M. Devéria donne ce monogramme à Leonardo Parasole. C'est en effet le graveur en bois accrédité pendant ce temps ; ce monogramme n'est pas celui qu'on trouve ordinairement, et il n'y a pas peut-être similitude entière de travail entre ces deux bustes, ni entre l'un d'eux et ses estampes les plus connues ; mais le rapprochement n'en est pas moins intéressant.

XXXIV.

Les peintres-graveurs du règne de Henri IV.

1. L'art prit un essor plus élevé sous le roi galant, dont les deux femmes, Marguerite de Valois et Marie de Médicis, eurent également le goût des arts et des fêtes, qui se plaisait à être comparé à François Iᵉʳ, et qui fit exécuter de grands travaux de peinture au Louvre, au palais du Luxembourg et au château de Fontainebleau. Toussaint Dubreuil, Jacob Bunel de Blois, Martin Fréminet, Ambroise Dubois d'Anvers, Jean de Hoey de Leyde, étaient les peintres en crédit à la cour de France, avant que Rubens y fût appelé. Sans reproduire ici les rares notions que l'on a sur ces artistes, diversement appréciés par Félibien, Gault de Saint Germain, M. Vitet et M. Poirson, j'ai à rechercher ce qui est resté de leur manière dans les gravures de leur école.

PIERRE VALLET, d'Orléans, brodeur ordinaire du roy en 1608, grava plusieurs pièces d'après Dubreuil, les vignettes du roman de Théagènes et Chariclée, sujet qu'Ambroise Dubois venait de peindre dans la chambre ovale de Fontainebleau, des portraits, des fleurs, *Le Plan de Paris* d'après François Quesnel, *Le Jardin des plantes* de *Henri IV*, et un *Trésor de portraicture*. Toutes ces pièces ont été décrites par M. Robert Dumesnil. Vallet maniait la pointe artistement bien qu'avec force, et sa facture libre tranche avec la sécheresse des burinistes ses contemporains; il dessinait avec expression et dans un style plus mouvementé qu'élevé. Ses grandes estampes : *Le Feu, La Terre*, 1610, ont de la pesanteur, mais nous verrons qu'elles ne sont pas entièrement de lui; dans les compositions plus petites, il prend tout son esprit et toute son adresse; les figures dont il a orné le titre du *Jardin du roy*, 1610, acquièrent de la distinction par l'allongement des formes et l'expression des têtes. Dans son portrait, qui est une eau-forte des plus piquantes, et dans les vignettes de *Théagènes et Chariclée*, on voit encore, malgré une certaine imitation de la facture libre des élèves des Carraches, la continuation de la manière française, l'esprit de composition subtile de Delaulne, avec une exécution plus libre et plus grasse.

Gabriel le jeune est désigné par Marolles comme le disciple de Toussaint Dubreuil; il grava en effet, avec Pierre Vallet, *La Terre et Le Feu*, et seul *L'Évangéliste saint Luc*, pièce non décrite par M. Robert Dumesnil, mais marquée de monogrammes, aux initiales G J *f* et T D *br. In.*, et faite d'un travail analogue. Dans d'autres pièces, son nom paraît associé à celui d'un autre artiste, P. Fatoure, dont la main lui vient en aide, comme auparavant celle de Vallet, pour la partie du dessin qui n'était peut-être pas son fort. Celles-ci ne sont pas toutes d'après Dubreuil, il y en a une, *Jésus chez Émmaüs* d'après Caravage, et une autre, *Le Calvaire*, 1609, qui paraît de l'invention des graveurs et qui est la plus pauvre. Ces estampes présentent, avec peu de variété, une force qui n'est point exempte de maigreur, un naturalisme un peu sophistiqué. Elles ont bien quelque reflet des vives eaux-fortes de Rome et de Venise, mais le désir d'imiter le burin y perce davantage. Ce Fatoure, sur lequel M. Robert Dumesnil dit n'avoir trouvé aucun renseignement, est donné par Basan comme né à Venise en 1584, élève de Josepin et de Caravage, et mort à Malte en 1629; mais il n'est connu que par les gravures françaises que nous venons de voir.

A le juger sur ces estampes, Toussaint Dubreuil, le successeur de

Primatice à Fontainebleau, sous l'influence des praticiens de l'Italie plus que par l'inspiration de son prédécesseur, opérait un mouvement d'exagération dans l'expression et le mécanisme, sans moyens suffisants pour sortir de sa mesquinerie native. Ses graveurs ont pour principal mérite de trancher, par l'effet bourru de leurs travaux, avec les planches trop polies qui pullulaient alors.

2. JEAN DHOEY, *Doué, de Hory*, qui vint de Leyde pour être peintre ordinaire, valet de chambre du roy et garde des tableaux du Louvre, sur lequel on a déjà publié plusieurs documents[1], avait son tombeau à côté de celui de Fréminet, dans l'église de l'abbaye de Barbeau en Brie ; ce tombeau est sans épitaphe, mais on voit par l'épitaphe en six quatrains qu'il avait faite à celui de sa femme, Marie Recouvre, qu'il n'était point mort encore en 1670[2]. Son nom se trouve sur quatre estampes marquées IDHoey in, les trois premières lettres accolées : *La Vierge assise devant un fût de colonne allaitant l'enfant Jésus couché sur ses genoux; La Vierge accroupie contre un arbre allaitant l'enfant Jésus debout; L'Évangeliste saint Marc écrivant assis sur son bœuf; Jupiter, Junon et la vache Io.* Ces pièces présentent quelques différences de facture, les unes étant d'un burin maigre et mal ordonné, dans le goût des graveurs de Dubreuil; les autres traitées avec plus de légèreté et de moelleux, et dénotant mieux la main du peintre. Il avait de la finesse dans le dessin, malgré la tournure un peu forcée de ses figures ; il représente bien pour sa part un des points de passage dans la manière française de Primatice à Vouet.

Les commentateurs de monogrammes, depuis Christ, font de Jean de Hoey un graveur, et lui attribuent plusieurs pièces d'un style différent et marquées D H; sans m'occuper de savoir si cette marque n'appartient pas à quelque autre graveur du nom de Hoey, qui fut porté par plusieurs artistes hollandais et flamands, je suis certain que les paysages cités par Brulliot ne sont pas du peintre de Henri IV.

---

[1] Laborde; *La Renaissance des Arts*, tom. I, pag. 247. — *Archives de l'art français*, tom. III, pag. 158.

[2] Millin ; *Antiquités nationales*, tom. II, abbaye de Barbeau. On sait que Félibien fixe sa mort à l'an 1615. La note trouvée par M. de Laborde n'infirme pas absolument cette date.

3. MARTIN FRÉMINET, dont Félibien a fort amplement disserté et qui peut encore être jugé au Louvre comme peintre, par son tableau d'Énée et Didon, ne fut pas même aussi heureux en graveur que Toussaint Dubreuil. Il semble cependant avoir voulu indiquer la manière dont il entendait être gravé, en exécutant lui-même à la pointe une *Vierge avec l'enfant Jésus*, dont on ne peut qu'admirer le style hardi et la vive lumière; il y a là quelque chose de l'énergie des réformateurs Italiens. *Le Sacrifice antique devant la statue de Jupiter*, composition de onze figures marquée *Fruminet inventor*, bien que ce ne soit pas une estampe pittoresque, porte encore l'empreinte du mouvement particulier à la manière française après Jean Cousin, et de la pratique dans laquelle elle tomba aussi bien par ses propres tendances que par les imitations étrangères. Huber en attribue la gravure à Léonard Gaultier, elle pourrait être aussi bien de Thomassin. Fréminet tomba effectivement aux mains de Thomassin et de Turpin, avec lesquels il vécut sans doute pendant son séjour à Rome, de 1589 à 1595, et qui le gravèrent mécaniquement, comme ils faisaient Barocci et Zuccaro. Il prêta toutefois à ces graveurs un copieux de formes et un aminci d'expression qui ne se trouvent pas dans les ouvrages qu'ils ont faits d'après les maîtres Italiens. Autant qu'on peut en juger par ces estampes d'un maître Français traduit par ses compatriotes à Rome, il montra de l'ampleur en même temps que de l'affectation. On ne voit pas qu'il se soit approché, comme l'avance Félibien, du chevalier d'Arpin ou du Caravage, qui ne faisaient point encore école à Rome quand il y vint; ces peintres ont été gravés quelques années après seulement, par Vignon et Scalberge. La manière de Fréminet le mettait plutôt du côté des idéalistes que de celui des naturalistes, quels que fussent d'ailleurs les penchants qu'il a pu montrer pour la musculature accusée de Michel Ange ou plutôt de Daniel de Volterre.

4. LOYS BAUBRUN ou *Bobrun*, fils de Matthieu Baubrun, peintre valet de chambre de cinq rois, de Henri II à Henri IV, et frère cadet de Matthieu Baubrun, père et oncle des académiciens, occupa modestement la place de peintre ordinaire de la reine. Florent Lecomte, Félibien et

Guillet de Saint George[1] en ont parlé avec beaucoup d'éloges ; il était en réputation pour ses crayons et ses tableaux historiques de l'Hôtel-de-Ville. Briot a gravé sur son crayon le joli portrait d'Astrée. Il a gravé lui-même l'esquisse de deux de ses tableaux : *Le Prévost des marchands et les echevins prêtent serment de fidélité au roy, Ludovic' Bobru fac. 1610 ; Le Dessin du tableau mis sur la porte Saint-Jacques pour la réception du roy en 1616. Le Temps conduit un char où est la reine entre ses deux enfants, les échevins sortent de la ville pour aller au devant ; on lit sur la roue du char : L. Bobrun Pix et Sculp*[2]. Ces estampes n'indiquent pas une grande hardiesse dans le maniement de la pointe, les contours y sont appuyés et l'effet en est uniforme ; mais le peintre s'y révèle par l'esprit des figures et l'intelligence générale de la composition. Bobrun n'avait point été en Italie ; il n'imite pas les Flamands ; la manière dont il traite l'eauforte est toute dans les traditions françaises et puisée dans l'habitude que le peintre avait du crayon. L'historiographe de l'Académie s'est mépris lorsqu'il suppose que Matthieu Baubrun avait appris les crayons à Rome, et au retour en avait communiqué le goût à son frère.

5. **Robert Picou**, neveu de Marguerite Bahuche, femme de Bunel, qui faisait aussi profession de peintures, était logé avec elle au Louvre en 1614, et pensionné en survivance du peintre de Henri IV[3] ; il alla ensuite à Rome, où il était sans doute en 1622, lorsque Jérôme David grava sur son dessin *Saint François de Paule passant de Calabre en Sicile*. C'est aussi à Rome qu'il grava les rares estampes que nous avons de lui. Celle de *Jésus pris dans le jardin des Oliviers*, publiée chez Ciartres, est d'après un tableau de Bassan, et le graveur a cherché à rendre avec sa pointe les tons chauds de son modèle ; mais on peut être certain qu'il a traduit à sa manière les têtes, les mains et toutes les expressions : elles ne rap-

---

[1] *Mémoires inédits de l'Académie royale*, tom. I, pag. 138. — *Archives*, tom. III, pag. 168.

[2] M. Robert Dumesnil n'avait pas vu cette dernière pièce, qu'il cite d'après le P. Lelong ; elle se trouve cependant au Cabinet des estampes, Collection Fontette, tom. XVI, et chez M. de Baudicourt.

[3] *Archives de l'art français*, tom. III, pag. 100.

pellent aucun maître, si ce n'est peut-être Bellange. Scalberge, que M. Robert Dumesnil cite à côté de lui, est postérieur, il ne grave pas ordinairement d'une manière aussi accusée et aussi colorée. Dans d'autres estampes, *Vénus dormant au pied d'un arbre veillée par les amours*, *La Chasteté de Joseph*, il montre le goût qui lui est propre : des airs souriants, des fronts déprimés et des formes tuméfiées ; le tout ne manquant pas d'agrément, par l'effet d'une pointe nourrie et chaleureuse. Les enfants, dont il a gravé plusieurs suites à Rome, sont bien loin des jolis enfants du Guide et même de ceux de Tempesta ; leur gros ventre, leurs yeux chinois et les petits pieds sur lesquels ils ne peuvent se tenir, en font des types particuliers. Ils ne sont pas sans analogie avec les types réels que Duquesnoy sculptait à Rome dans le même temps, ils sont plus proches encore par la race de ceux que nous trouverons dans les bacchanales de Brebiette.

6. JEAN BOUCHIER, de Bourges, sur lequel M. Robert Dumesnil n'avait trouvé qu'une notice insignifiante, a aujourd'hui une biographie des plus soignées [1]. Qu'on la lise et qu'on aille voir à Bourges les tableaux du peintre ; je n'ai que quelques mots à ajouter sur le graveur. Malgré ses voyages à Rome, en 1600, 1621, 1625, où il avait, dit-on, gravé des monuments, son séjour en province fit qu'il se maintint dans un goût petit mais simple ; sans être étranger aux pratiques faciles introduites dans l'eau-forte par les élèves des Carrache, il garda son ingénuité. Tel il m'a paru dans les cinq ou six pièces que l'on a conservées de lui. Elles n'ont pas de date, mais on peut les croire antérieures aux pièces de Scalberge, que M. Robert Dumesnil a rapprochées de celles de Bouchier. Celui-ci n'a rien de commun avec l'école de Vouet ; si l'on veut lui trouver quelque analogie autre que celle des verriers de son pays, c'est à Rome et parmi les graveurs de Sienne qu'il faut la chercher. *La Vierge assise* avec l'enfant Jésus sur son giron, tenant un lys, *La Madeleine*, indiquent encore un peu d'incertitude et de pesanteur, bien qu'il y ait toujours le caprice d'un peintre ; mais *La Vierge debout dans une niche*,

---

[1] Chennevières ; *Recherches sur la vie et les ouvrages des peintres provinciaux*, tom. II.

tenant l'enfant Jésus embrassé, est d'une pointe habile, d'une expression heureuse et d'un effet vif. *La Femme assise sur un pliant, Saint Jean*, montrent aussi un dessinateur gracieux et un eau-fortiste exercé. Si on suppose ces estampes faites vers 1620, rien en France n'était alors exécuté dans un sentiment si facile et si pittoresque ; sans être exemptes de reminiscences italiennes, les meilleures pièces de Bouchier ont bien le don que M. de Chennevières trouve à ses tableaux : une onction délicate et naïve.

XXXV.

Les graveurs Lorrains.

1. Le duc de Lorraine, qui avait épousé la fille de Henri II, Claude de France, et avait attiré à Nancy une cour brillante, employa beaucoup d'artistes à la décoration de son palais. En 1573 il demanda à François Quesnel plusieurs portraits d'habits selon la mode nouvelle, plus tard il fit venir des tapisseries de Bruxelles et d'Anvers. Les imprimeurs et les graveurs qu'il fit travailler, n'avaient pu d'abord pratiquer que la taille-douce.

ALEXANDRE VALLÉE, de Bar-le-Duc, travailla à Nancy et à Metz dès 1580, et c'est après Woeiriot le plus ancien graveur au burin de la Lorraine ; mais je n'ai rien vu qui le rattache à ce maître. Il est compté au nombre des artistes qu'entretint le duc de Lorraine ; il grava plusieurs pièces intéressantes pour l'histoire de son pays, des portraits, des emblèmes pour les livres de l'antiquaire Boissard, et quelques estampes sur des sujets religieux empruntés la plupart à des compositions connues ; son œuvre a été décrit par M. Robert Dumesnil, qui a jugé notre artiste bon dessinateur et xylographe laborieux. Sa plus ancienne pièce datée, *S. Francisc.* 1580, est d'un burin serré, sobre de croisements, et paraît copiée pour la composition de Spranger. *La Roue de fortune*, sa composition capitale, est faite d'une main assez ferme, mais le goût en est des plus mesquins, en harmonie avec la poésie insipide qui lui sert de paraphrase. Entre les Allemands et les Flamands qui lui servirent de maîtres, je ne

vois pas que Vallée ait su se tracer une voie ; une suite que n'a pas connue
M. Robert Dumesnil, *Les Sept arts libéraux*, signée *Alexandro Vallœo
Baroducœo sculpti et excussi*, le rapproche de la manière la plus maigre
de Jean Sadeler.

En cherchant les précédents de l'école de Lorraine, on rencontre
encore le nom de JEAN APPIER, *dit Hanzelet*, maître des feux artificiels du
duc de Lorraine, imprimeur et graveur juré de l'université de Nancy et
du collège de la compagnie de Jésus à Pont-à-Mousson. Il grava dans la
taille la plus sèche, des portraits, des figures de costume et de machine
militaire, pour des livres imprimés de 1610 à 1630 ; mais dans ce temps,
la Lorraine avait eu d'autres graveurs, ils lui étaient venus de l'école de
peinture fondée par le premier peintre du duc Charles III, Claude Henriet,
le père d'Israël Henriet, le maître de Deruet, de Bellange et de Callot.

2. JACQUES BELLANGE, qui succéda à Henriet dans le titre de premier
peintre du duc, est donné par beaucoup d'auteurs comme né en 1594 et
condisciple de Callot ; on sait aujourd'hui qu'il est plus ancien. Il peignit,
de 1602 à 1611, les principaux tableaux ordonnés par le duc Charles
et la duchesse de Bar : sujets romains et devises, chasses, métamorphoses,
et chars triomphaux [1]. Tous ces tableaux sont perdus, mais il nous reste
l'œuvre gravé de près de cinquante pièces. Mariette a traité sévèrement
la manière de Bellange qu'il qualifie de licencieuse, et a trouvé dans un
endroit qu'il imitait Spranger, dans un autre Ventura Salimbeni. M. Robert
Dumesnil a pris la peine de transcrire les erreurs accréditées sur le
peintre, qui aboutissent à en faire un élève de Vouet, alors qu'il est son
aîné de vingt ans et qu'il est mort peut-être avant que Vouet ne revînt
à Paris [2]. Cet auteur reproduit ensuite le jugement inepte de Basan, en y
ajoutant que notre artiste, par sa bizarrerie et son incorrection, mériterait d'être le coryphée de l'école romantique. Romantique ou non,

---

[1] Lepage ; *Le palais ducal de Nancy*. Nancy, 1852, in-8°, pag. 78 et suiv.

[2] Il est mort à Nancy à 44 ans, suivant le P. Husson, *Éloge de Callot*, pag. LVI. C'est Félibien
qui le premier a rangé Bellange parmi les peintres que Vouet faisait travailler aux accessoires
de ses patrons de tapisserie. *Entretiens*, tom. II, pag. 189.

Bellange représente avec puissance le goût régnant en Lorraine sous Charles III. Il avait été en Italie sans doute vers 1595, et y avait vu les estampes de Salimbeni, à qui il emprunte le goût des expressions extatiques et certaines pratiques de pointe dans les vêtements et dans les fonds. Il put voir aussi à Rome Goltzius, qui y était dans le même temps et de qui il put contracter la manie des tournures bizarres et des extrémités fourchues; mais ces accointances ne firent qu'aider à sa nature, d'elle-même portée à l'héroïque, à l'extatique et au théâtral. Il a ses attitudes propres, ses airs de tête et ses costumes; il a aussi des effets de pointillé qui ne sont qu'à lui. La Vierge et les Saintes ont ici d'étranges figures: le front bombé, les yeux en rond, la bouche en cœur, la gorge étroite, la ceinture élargie, les formes pyramidales et ballonnées, une coiffure ébouriffée, des robes toutes agrafées de bijoux. Le dessinateur, à la recherche de l'expression, dépasse toujours le but, et à force d'élégance tombe dans le ridicule. Le Christ, dans *La Résurrection de Lazare*, loin de tous les types consacrés, avec sa figure arrondie, n'a qu'une expression féminine et un geste de parade. Dans les figures nues, Bellange paraît incorrect par excès, car ses extrémités sont habilement faites et il modèle avec une rare énergie, mais il aime mieux le costume. Ce sont les personnages de la cour de Nancy qui posent devant lui : *Diane portée sur les épaules d'Orion*, et *La Jeune femme jetant au brasier ses lettres d'amour*, ne nous représentent bien que les beautés qui présidèrent aux ballets, aux courses de bague et aux combats à la barrière, célébrés dans les dernières années du règne de Charles. L'artiste a rendu l'air glorieux et forestier qui signalait, j'imagine, les belles Lorraines de ce temps; ce sont encore avec des traits plus hommasses, les nymphes des poëtes du cru :

> *Nymphètes mignardelettes*
> *Citoyennes des forêts,*
> *Venez toutes doucelettes,*
> *Essuyant les larmelettes*
> *De vos yeux mignotelets.*

Il y a d'autres figures où Bellange a laissé déborder plus encore sa verve ; l'estampe représentant *Deux Gueux* aux prises, qu'on peut croire faite avant

Callot, nous donne la souche d'une race qui va bientôt pulluler dans l'école lorraine, grâces au génie de Callot, et gagner toute l'école française. L'estampe représentant *Une Virago* accroupie sur des trophées, et s'extasiant à la vue d'un guerrier campé de dos, le poing à la hanche, les plumets au vent, nous donne aussi le prototype des hidalgos, maheutres et fendeurs de nasaux, qui jouent un si grand rôle depuis la Ligue.

La cour de Lorraine en avait sa part ; elle avait sur son théâtre des comédiens espagnols. Est-ce dans leur compagnie ou dans quelque troupe de gitanos passant par Nancy, que Bellange a pris ce modèle de beauté lippue, pansue et écarquillée, qui lui tient au cœur ? Nous saurons peut-être quelque chose des amours du chevalier Bellange, si les archivistes de notre art français entreprennent jamais sa biographie. Ces types n'intéressent que par leur ridicule ; mais bien mieux que le poète, le graveur leur assurera l'immortalité par la manière dont il les a traités. On admirera toujours la fantaisie et la verve du dessin, la vivacité et la force d'une pointe variant ses travaux depuis le trait le plus brusque jusqu'au pointillage le plus adouci ; ici tout épargnée, là très-avancée de travaux sans jamais être pesante, tant elle est accidentée et capricieuse dans ses mouvements, lumineuse et chaleureuse dans ses effets. Le succès de ces estampes se répandit à Paris, où Bellange vint à une époque où les originaux y réussissaient. Crispin de Pas, Mérian et Bosse lui firent des emprunts, mais son plus grand mérite sera toujours le goût lorrain. N'oublions pas qu'il va produire Callot, dont Bellange à quelques égards est le précurseur.

3. **Claude Déruet**, plus jeune que Bellange mais plus âgé que Callot, était allé à Rome de 1616 à 1619 ; il avait fait graver par Thomassin deux de ses compositions et avait pris peut-être lui-même quelque habitude de la gravure, en fréquentant l'atelier de Tempesta. Les estampes de figures équestres où il s'essaya, peuvent refléter quelque chose de ce maître ; mais le peu d'exercice qu'il eut de l'eau-forte ne lui permit pas d'y être original. Il ne grava d'ailleurs qu'à Nancy, après que Callot y eut apporté les produits de son génie déjà mûr. Les pièces les plus connues, *Le Portrait équestre de Charles IV*, *La Bataille de Nordlingue* et

La Carrière de Nancy, sont plutôt des ouvrages de topographie et de décoration que des œuvres pittoresques; et les Victoires, que l'on voit couronnant le duc de Lorraine, sont d'un dessin maigre et d'une pointe qui manque de souplesse. *Jeanne Darc* à cheval en guerrière romaine accompagnée de Dunois, décrite par M. Meaume, n'est qu'un trait; il ne manque pas d'esprit, à la condition qu'on n'y cherchera ni Dunois ni Jeanne, mais le chevalier et la chevalière d'un carrousel de Nancy, prêts à courir la bague. Le peintre lorrain est du reste assez connu; il a eu la faveur de deux biographies excellentes[1]. Je ne trouve à ajouter au petit nombre d'estampes qui sont décrites, que l'indication d'une pièce gravée avec fermeté, dessinée avec beaucoup de solidité et peu de sentiment, que j'ai vue à la bibliothèque de Bruxelles : elle représente le Christ presque nu, assis sur un rocher, appuyé sur sa croix, avec les trois saintes femmes dans le lointain; au bas est la signature : *Claude Deruet fecit*.

4. Il échut à la Lorraine, pendant une période de civilisation indépendante, bien qu'en beaucoup de points française, de produire JACQUES CALLOT, le génie le plus prime-sautier de la gravure au XVII° siècle. Sa vie accidentée mais heureuse a été racontée, son œuvre a été décrit avec tout l'amour et tout le soin nécessaires[2]. Il est facile maintenant de résumer son histoire, de suivre le développement de sa manière, de faire ressortir le génie qui lui fut propre.

Callot, s'échappant à douze ans de la maison paternelle, était venu à Florence en 1604, en compagnie d'une troupe de bohémiens, et était entré dans l'atelier de Canta Gallina, graveur de scènes d'opéra; mais on ne voit pas dans son œuvre plus de traces de ce qu'il a fait alors, que de ce qu'il a pu faire auprès de Demange Crock, graveur des monnaies du

[1] Meaume; *Recherches sur Claude Deruet*. Nancy, in-8°, 1853.—Chennevières et Montaiglon; *Peintres provinciaux*, tom. II.

[2] Meaume; *Recherches sur la vie et les ouvrages de Callot*. Nancy, 1853, in-8°. — *Abecedario de Mariette*, tom. I. On y trouve relevées les fables et les banalités qui forment légende pour les biographes ordinaires de l'artiste : le P. Husson, Desmarets et autres. La meilleure notice ancienne est peut-être celle de Vallin, *Annales de la Calcographie*, 1806, in-8°, tom. I, pag. 321 et 339; mais le livre de M. Meaume, qui se termine en ce moment, ne laissera rien à désirer.

duc de Lorraine, qu'on lui donne pour premier maître. Ramené à Nancy en 1607, il y grava un *Portrait du duc Charles III*, qui est fait durement, mais qui ne paraîtra sans mérite, sans vivacité de burin, si on le compare, non aux portraits que gravait alors Léonard Gaultier pour plusieurs livres lorrains, mais à ceux de Jean Appier. *La Planche généalogique et légendaire de la famille Porcelet*, qu'il fit vers la même époque, est intéressante comme début; la hardiesse de la pointe s'y montre à travers l'incertitude de l'exécution, et le goût piquant du dessin y perce malgré la puérilité de la composition.

Le graveur put bientôt quitter ces travaux ingrats et regagner l'Italie. Il arriva cette fois à Rome et dans l'atelier de Thomassin, où il s'exerça avec zèle au dessin classique et à la gravure compassée, d'après des modèles variés. Il fit, d'après Jean Sadeler, une madone, des mois, des saisons, et la manière précise de ce maître lui laissa une impression durable. *Les Tableaux de saint Pierre*, dont il fit alors de petites planches, sont d'une exécution lâchée, mais où la main montre déjà de la légèreté, et l'expression, du trait. Dans *Le Christ au tombeau*, d'après Ventura Salimbeni, il s'efforça de suivre la gravure lumineuse et l'expression recherchée de l'artiste de Sienne. Après trois ans de ces études sérieuses, au milieu desquelles la légende place une amourette avec la femme de son maître Thomassin, Callot se ressouvint de l'atelier des Parigi, où se pratiquait un art plus conforme à ses goûts, et retourna à Florence où primaient alors, en 1612, Poccetti *de' Groteschi* et Tempesta. Il paya tribut à ces maîtres en gravant *Les Sept péchés de l'enfer* et quelques planches des *Obsèques de la reine d'Espagne*. L'exécution en est encore molle, mais déjà l'abondance et le trait y brillent par la facilité avec laquelle le graveur manie la pointe; on voit qu'il est déjà en possession de sa manière. Il ne quitta point encore le burin; des estampes considérables faites de 1613 à 1615, *La Sainte famille* d'Andrea del Sarto, *L'Ecce homo*, *Saint Paul*, témoignent de ses efforts dans l'imitation des plus habiles burinistes flamands; *Les Actions des Médicis*, d'après Tempesta, montrent même par la dextérité et la finesse de leur exécution, qu'il pouvait y acquérir des qualités et une supériorité toutes personnelles. Son penchant naturel qui était pour l'eau-forte et les décorations, c'est-à-dire pour l'exécution prompte et les petites figures dans de vastes scènes, l'emporta bientôt.

Les théâtres des fêtes données en 1616 pour la réception du duc d'Urbin, fournirent la plus heureuse occasion à l'essor de Callot. L'invention des machines y est de Parigi, le style des figures exagéré à l'effet est emprunté aux dessinateurs florentins; mais ce qui est bien de Callot, c'est la netteté et l'esprit avec lesquels la foule, le mouvement et l'incident sont rendus à moindres frais ; c'est la propriété du geste, de l'expression et du costume obtenus avec une pointe qui ne perd ni sa carrure ni son aisance dans les plus petites formes. On le vit déployer toutes ces qualités dans la grande planche du *Teatro fatto nella festa a cavallo*. Baldinucci, qui a noté la première manière de Callot, *ammanierata e aggrotescata molto*, fait honneur à Parigi de l'en avoir détourné en lui prêchant l'étude de la nature. Cette étude a certainement fait de Callot ce qu'il a été, mais les conseils de Parigi y sont pour peu de chose, car ses ouvrages les plus affectés sont précisément ceux qu'il a faits d'après cet artiste décorateur. A ce moment, même lorsqu'il traduit encore les peintres florentins, comme dans les *Miracoli della Nunziata*, Callot est rempli de subtiles façons qui ne le quitteront plus : il fait les membres allongés dans des vêtements étoffés, les attitudes précises et pointues; mais dès l'année 1616 il avait montré ce qu'il savait inventer, dans les *Capricci di varie figure* qu'il dédia à don Laurent de Médicis, *quasi le primizie delle sue fatiche*. Sa voie bien reconnue, l'artiste marcha rondement, faisant son domaine des intermèdes de la cour, des spectacles de la foire; il sut rendre tous les accidents qui les varient, tous les comédiens qui s'y pavanent, avec un génie qui éclata dans la composition de *La Grande foire de la Madonna dell'imprunetta*, la plus vaste, la plus franche et la plus subtile représentation qu'on eût vue d'une solennité populaire; les graveurs de kermesses ne paraissaient auprès de celui-ci que des lourdauds.

Pour expliquer le merveilleux effet produit par le graveur, en aérant et animant ses multitudes, certains biographes ont parlé de la découverte qu'il aurait faite du vernis dur. Il est certain que la netteté extraordinaire des pièces gravées dès 1616, est obtenue à l'aide du vernis dur, et que les pièces gravées précédemment par Callot et par Canta Gallina étaient au vernis mou; mais il n'y pas là de découverte. Les graveurs connaissaient depuis longtemps les deux procédés, l'un plus expéditif, l'autre plus net, mais qui n'était guère abordable qu'à ceux qui étaient déjà exercés à manier le burin sur le cuivre. Dietrich Meyer en Suisse, plusieurs années auparavant, avait substitué le vernis mou au vernis dur plus anciennement employé; Mérian avait répandu le vernis mou en Allemagne et en France, Tempesta l'avait adopté; Callot reprit le vernis dur; mais beaucoup d'autres graveurs le reprirent avec lui, et s'ils n'y trouvèrent pas les mêmes ressources, c'est qu'elles étaient toutes dans le génie de l'artiste.

On a voulu encore faire honneur à Callot d'une innovation qui consistait à graver les figures d'un trait plus ou moins renforcé, de manière à obtenir l'effet sans le moyen des ombres. Selon Félibien, c'est le pavé du dôme de Sienne qui aurait inspiré ce procédé. Callot sut épargner ses travaux, saisir l'expression d'un trait et garder ses hachures pour l'effet général; il tranche sur ce point avec les graveurs ordinairement entraînés par le travail symétrique et multiplié de la taille-douce; mais combien de graveurs n'avons-nous pas vus, sur le bois, sur le vernis et même sur le cuivre, obtenir l'expression et l'effet avec des moyens aussi simples! Callot ménagea admirablement les moyens de sa pointe, parce que nul ne se proposa d'en obtenir plus et ne tira tant de si peu.

Le génie de Callot s'épanouit donc à Florence. Un Cosme, le plus chéri sinon le plus grand des Médicis, trônait alors dans la ville la plus festoyante de l'Italie : prince jeune, enjoué quoique podagre, dont l'humeur semble avoir gagné l'artiste, qui se complaisait à figurer le côté facétieux de la misère humaine et le petit côté des grandeurs, Sa nature le préserva d'ailleurs de l'idéal italien; il dessina les églises et les places sans paraître s'apercevoir qu'elles contenaient les plus belles statues du monde; c'est à peine si l'on peut trouver parmi ses nombreuses figures, quelque trace de ces Florentines à désinvolture grandiose, qui ont séduit tant de dessinateurs; aussi, Cosme II étant mort, renonça-t-il à l'Italie. Il revint en 1621 à Nancy, où la faveur du duc Charles, la sympathie de ses compatriotes, les ressources de leurs fêtes et toutes les aménités du sol natal devaient désormais le captiver.

Il commença par émerveiller les Lorrains en leur portant les *Balli di*

Sfessania et les *Capitani di Baroni*, figures rutilantes de la farce italienne, bien propres sous leur habit étranger à initier à sa poétique les
esprits les plus lents ; il grava leurs Thèses et leurs images dévotes avec
une nouveauté qui dut les dégoûter de tous les graveurs en taille-
douce, et traita les pièces militaires et topographiques avec un accent
qui semblait apporter des qualités pittoresques à un genre qui en comporte peu. Il donna aux barrières et aux parterres de Nancy une gloire
que l'histoire seule n'aurait pu leur donner ; il traça enfin de la noblesse
et de la canaille lorraines, des types dont l'art entier s'est trouvé enrichi.
L'abbé Zani, voulant caractériser Callot d'un mot, l'appelle le Merme-
cide des graveurs à l'eau-forte ; ce mot rend peut-être le don qu'il eut de
transformer tous les sujets théologiques, historiques et allégoriques, selon
la manière dont il comprenait la nature, en la regardant comme par le
côté de la lunette qui la diminue infiniment sans lui enlever rien de sa
précision ; mais il n'exprime pas la nouveauté de composition qu'il apporta dans les sujets les plus rebattus. Sans rappeler ses suites si connues,
il suffit de citer ses chefs-d'œuvre : *L'Enfant prodigue*, *Saint Sébastien*,
Les Supplices, qui sont le point culminant de sa manière microscopique,
et l'œuvre dont on a fait son épopée, *La Tentation.* Dante, Arioste,
Milton ont été cités à propos de cette diablerie. Je la tiens pour française ;
le souvenir des curucucu italiens s'y mêle avec celui des drollen flamands ; l'horreur des formes y est sauvée par la subtilité des traits ; et le
merveilleux, tout emprunté à la fantasmagorie jésuite [1], y est tempéré par
une moquerie réjouissante.

Callot connut et peignit la société de son temps. Il fit un voyage à
Bruxelles, se rendit auprès de l'infante Isabelle, pour graver le siége de
Bréda, et auprès de Van Dyck et de Vosterman qui firent son portrait. Il
séjourna en 1629 à Paris, où il avait été appelé pour reproduire le siége de
La Rochelle, se lia avec les artistes et avec les amateurs qui fréquentaient
la boutique d'Israël Henriet, chez qui il demeurait : Michel Lasne, qui grava
son portrait et pour lequel il fit le fond de la belle planche de Louis XIII

[1] Un jésuite l'a décrite en vers latins : Lud. Doissin, *Scalptura Carmen.* Paris, 1753. M. Meaume
a transcrit le morceau, qui a vingt-neuf hexamètres.

à trente-trois ans ; Charles Delorme, dont le portrait se voit aussi dans son œuvre. Il entrevit enfin à Nancy la cour et le roi, à qui, sur la demande d'une planche sur le siége de Nancy, il fit la réponse connue de tous, et une meilleure encore, qui est la publication des *Misères de la guerre*, sa suite la plus pathétique et la dernière. Mais le monde qui déteignit le plus dans l'œuvre du graveur fut celui de Nancy ; les habitudes y étaient toutes françaises, avec cet accent qu'ajoute toujours la province. Les airs bravaches et picaresques des personnages de Callot étaient en effet de mode partout ; un courant venu d'Espagne entraînait alors les courtisans, les poètes et les artistes ; le Lorrain y ajoute, pour sa part, quelque chose de pointu et de trivial. Ce sont des défauts, et on n'a pas manqué de les reprocher à Callot ; mais sans eux il serait certainement moins lorrain et moins aimable. Avant de songer à la postérité, Callot devait complaire à la cour de Charles IV et à la duchesse de Chevreuse, que le poète Henri Humbert son confrère, chantait en ces termes :

> *Le iour de la France est borné*
> *Ne pouvant estre qu'où vous estes,*
> *Son élément sont vos attraits,*
> *Elle ne vit que par vos rays...* COMBAT A LA BARRIÈRE. Nancy, 1627.

Le graveur la célébrait lui-même dans la dédicace des planches de la fête galante et militaire donnée par le duc de Lorraine à sa maîtresse : « Lumière des perfections, la Lorraine ne vit jamais tant de beautés en cela tant plus glorieuses qu'elles ne sont pas étrangères. »

Malgré son admiration pour la duchesse de Chevreuse, Callot n'eut pas une haute idée de la beauté des formes. Il ne fit d'elle d'autre portrait que le petit buste nu qui surmonte le cartouche des armes de Lorraine, au frontispice du Combat à la barrière. Nous ne connaissons pas sa femme, Catherine Kuttinger, une Lorraine qu'il épousa à trente-trois ans et dont il n'eut pas d'enfant [1] ; mais on est bien assuré de la retrouver dans son œuvre.

---

[1] Les deux figures gravées par Israël : *Damoiselle Catherine Puttinger épouse de Jacques Callot*, et *sa fille*, ne sont probablement que des personnages de fantaisie auxquels ce titre a été appliqué postérieurement pour leurrer les curieux.

Sa tête est plutôt menue que régulière, ses formes sont plus fluettes qu'élégantes ; elle est blonde, elle a les yeux à fleur de tête, les traits petits, la taille accorte, l'expression douce. C'est elle qui figure les arts et les vertus, dans *La Thèse de Nicolas François de Lorraine* ; c'est elle qui se pavane, l'éventail à la main, la collerette ouverte et la vertugade bouffante, dans *La Noblesse* ; c'est encore elle qui, la coiffure toute fleurie et empanachée, joue au *Brelan* avec des mousquetaires. Ce que l'artiste mit d'idéal dans ses figures est surtout sensible dans les plus petites ; son dessin, en défaut dans les figures nues, comme on le voit dans *La Pandore*, à la fois molle et gauche, eut le don singulier de ne grandir qu'en se rapetissant. Sa Vierge ne fut jamais plus expressive que dans *Les Emblèmes* ; son Christ n'apparaît nulle part avec plus de majesté que dans *La Petite passion*.

L'œuvre entier, dont je n'ai indiqué que le gros, est un microcosme créé par le graveur, peuplé par lui de madones, de bons dieux, de saints et de martyrs, pour la plus vive édification des dévots ; de dames, de cavaliers, d'estafiers d'histrions, de mendiants et de nains, pour la plus amusante récréation des badauds. Le monde dans sa splendeur et sa misère, la foule bigarrée des fêtes, des foires, des armées et des tréteaux ne s'étaient jamais mirés dans une pareille lentille, et les curieux d'estampes n'avaient jamais vu une main aussi preste au service d'une imagination aussi vive et d'une observation aussi juste. Novateur après les Petits-maîtres, Callot, quand la gravure semble épuisée, la féconde et donne à l'école française, du fond de la Lorraine, une initiative qu'elle n'avait point encore eue. La semence n'en sera pas perdue, car on va voir les graveurs français se montrer bientôt avec une puissance que l'Italie et l'Allemagne ne possèdent plus ; capables de rivaliser, dans la part qu'ils savent prendre, avec les graveurs de la Hollande et de la Flandre, ils surent bien ce qu'ils devaient au Lorrain et ne se trompèrent pas en dictant à la postérité leur hommage à son génie ; Abraham Bosse l'a écrit dans la belle épitaphe de son portrait : *Je suis Jacques Callot ce grand et excellent calcographe......*

5. Callot ne forma pas précisément une école, mais il influença beaucoup de graveurs de plusieurs côtés, tant par ses types que par ses procédés d'eau-forte. Nous verrons La Belle, et d'autres à sa suite, lui faire des

emprunts. Son condisciple Israël Henriet, qui avait eu l'honneur de donner
des leçons de dessin à la plume à Louis XIII, s'était chargé de propager
sa manière à Paris, par le commerce de ses estampes. Il s'en était assuré
le monopole et en faisait peut-être aussi des copies, car on ne trouve pas
d'estampes avec son nom, bien que son talent comme graveur à l'eau-forte
paraisse attesté [1]. L'imitation de Callot fut ensuite largement exploitée
par Collignon et par Israël Sylvestre, neveu et successeur de Henriet;
ils vulgarisèrent sa manière principalement dans les vues et concurrem-
ment avec celle de La Belle jusqu'à la fin du XVIIe siècle, avec un succès
bien connu.

FRANÇOIS COLLIGNON, qui appartient encore au temps dont nous nous
occupons, paraît l'élève le plus immédiat de Callot, puisque Israël Henriet
le chargea de donner l'eau-forte à deux planches que le maître avait laissées
inachevées; mais il n'y avait pas en lui toute l'étoffe d'un artiste. Il essaya
de faire valoir en plusieurs lieux le talent qu'il avait acquis auprès de Callot;
il était à Augsbourg en 1631, et y grava d'après Matthieu Kager, avec dédicace à deux illustres sénateurs, *La Reine de Saba visitant Salomon*, intérieur
de palais en perspective, avec beaucoup de petites figures assez lourdement
dessinées; à Rome, où il alla plusieurs fois peut-être et où il mourut selon
Jombert, il fit une tentative plus heureuse en gravant au trait un *Livre à
dessiner* d'après les principes de Valesio, qu'il disait fait dans l'école de
Carrache [2]. A Paris, où il est établi de 1640 à 1650, il paraît accaparé par
La Belle, dont il fut le premier éditeur, et il ne conserve quelque valeur que
pour les vues de divers lieux en France et en Italie, qu'il a avant Sylvestre
très-finement reproduites.

NICOLAS DE SON, de Reims, fut d'abord signalé dans les catalogues
comme copiste et contrefacteur de Callot. *La Samaritaine au puits*, *L'A-
pôtre saint Paul*, *Saint François soutenu par deux anges*, et plusieurs
sujets rustiques de lui, ont ordinairement l'honneur de figurer dans les

---

[1] Meaume; *Recherches sur quelques artistes lorrains*; Nancy, 1852, in-8°, pag. 13 et 44.

[2] *Libro novo di disegnare, studio del signor Vallese pittor fatto in Roma nella scola di Cars dedi-
cato al S. de Villarceaux in Nancy. F. Collignon sculp.* F. L. D. ciartres exc. *Parigi.*

plus beaux recueils de l'œuvre du maître [1] ; il a été quelque chose de plus : architecte et dessinateur exercé, il s'attira l'estime des curieux pour avoir gravé en 1625 *L'Excellent frontispice de l'église de Notre Dame de Reims*, dédié à l'un des plus illustres courtisans d'Anne d'Autriche, le maréchal Phébus d'Albret [2]. L'estampe qu'il a faite d'après Vignon, *Esther devant Assuérus*, ne manque pas de finesse dans les airs du maître. En voici une autre d'après Jean Lys, qui a des façons plus libres, empruntées sans doute en partie à ce dessinateur original, mais très-fièrement traitées ; elle n'a point encore été décrite : *Trois Couples d'amoureux dans un jardin*; ils sont auprès d'un bassin de Neptune, deux se promènent en se donnant la main, le troisième est couché et entrelacé; un septième personnage, dans un cabinet de verdure à droite, épie dans une posture équivoque; la pièce est in-quarto en largeur, marquée *I. L. Inven, N. de Son sc.* Outre le relief qu'en reçoit le graveur de Reims, cette estampe a de l'intérêt pour l'œuvre de Jean Lys, peintre hollandais peu connu, qui travailla à Paris, à Venise et à Rome, qui grava même à ce qu'on peut croire, et qui, par quelques sujets traités de sa main ou fournis à des graveurs français et flamands, mériterait d'être mentionné dans la mauvaise compagnie des artistes de la régence. Une pièce connue sous un titre inconvenant [3], portant ses initiales et copiée par plusieurs, figure quelquefois dans l'œuvre de Brebiette.

6. JEAN LECLERC, peintre en titre du duc Charles III en 1629 [4], s'est fait connaître dans la gravure ; il avait passé longtemps à Rome, dans l'atelier de Carlo Saraceno, que nous avons mentionné à l'école de Caravage, et il ne put apporter à la Lorraine qu'un reflet de ces maîtres. Ses tableaux, s'ils existent encore dans les églises de Nancy tels que les énumère le P. Husson, en diraient peut-être davantage ; ici, il ne figure

---

[1] Catalogues Quentin de Lorangère, Sylvestre, Paignon-Dijonval.

[2] Il y en a deux états, avec quelques différences décrites dans le *Catalogue Sylvestre*, 1810, pag. 195.

[3] Huber; *Catalogue Winckler*, tom. III. École des Pays-Bas, pag. 561.

[4] Lepage ; *Palais ducal de Nancy*, 1852, in-8°, pag. 108.

que pour deux estampes à l'eau-forte : *La Mort de la Vierge*, Rome
1619, est d'un effet doux et d'une pointe moelleuse, où le naturalisme est
tempéré par la beauté des expressions ; le travail, habile, a de l'analogie
avec celui de Guido, en gardant toutefois plus de pesanteur et plus de
chaleur ; *Le Repos en Égypte* avait été attribué par Bartsch à Ribera, non
sans quelque incertitude, parce qu'on trouve sur un état de la pièce
le monogramme de cet artiste et l'adresse de F. V. Vyngaerde. L'estampe,
qui est d'un grand mérite, a été donnée par Zani à Saracino, dont elle
porte le nom seul comme inventeur dans le premier état, et par M. Robert
Dumesnil à Jean Leclerc, à cause de la similitude qu'elle offre avec la
pièce précédente. Le travail des deux pièces a en effet de l'analogie, mais
une plus grande habileté pittoresque, dans la seconde, donnera toujours
quelque crédit à l'opinion de Zani. Saraceno n'est d'ailleurs connu dans la
gravure que par deux estampes, l'une de Thomassin, l'autre de Frédéric
Greuter, qui sont loin de valoir celle-ci ; et Jean Leclerc a vu les siennes,
s'il en a fait d'autres, emportées dans l'oubli.

7. Le seul titre de George Lalleman à la considération, a été jusqu'à présent d'avoir donné tout un mois, l'an 1612, des leçons à Poussin
âgé de dix-huit ans ; il en a d'autres. Félibien, Marolles et Mariette le
disent de Nancy. Félibien le traite du reste sans façon, comme un de ceux
qui n'étaient pas de l'académie, dessinaient pour les tapisseries et pei-
gnaient pour les églises. Il a réellement l'air provincial et n'est pas
sans analogie avec Bellange ; cependant il ne figure dans aucun des documents publiés en Lorraine. Il vint de bonne heure s'établir à Paris ;
on sait qu'il y a gravé quelques eaux-fortes, mais elles n'ont point été
décrites. Entre plusieurs pièces rangées sous son nom, on ne lui attribue
avec certitude que *La Résurrection de Lazare* ; elle est peu faite, d'une
pointe allongée, légère, pleine de mouvement et même d'expression.
Une autre, *La Décollation de saint Jean-Baptiste*, marquée : L A le. *Aug.
Quesnel exc.*, est assez vive pour qu'on puisse la croire gravée par le
peintre ; *Moïse retiré du Nil par la fille de Pharaon*, qu'on lui donne
aussi quelquefois et que M. Robert Dumesnil attribue à Dorigny, est faite
plus librement, avec des formes allongées, des extrémités amincies et

des traits renflés qui indiquent une imitation de la manière lorraine.
Ces traits décèlent dans Lalleman un goût de dessin cru et petit. Je me
sentirais pourtant plus d'estime pour lui que n'en témoignait Mariette,
qui dit sa manière pauvre et sans goût. Le goût des estampes de Lalleman provient de leur date ; elles parurent sans doute dans les années qui
ont précédé l'arrivée de Vignon et la vogue de Brebiette, de 1610 à 1620.

Brebiette et Dorigny commencèrent à graver sur les dessins de Lalleman ; mais son plus fidèle disciple fut un graveur sur bois de Munden,
Louis Businck, qui apporta à Paris une taille de bois assez particulière,
imitant les hachures renflées des eaux-fortes et, de plus, des procédés
d'impression semblables à ceux de Bloémaert. Le peintre et le graveur s'as-
socièrent pour exploiter ce procédé, et Papillon nous raconte, en décrivant les machines à l'aide desquelles ils obtenaient leurs planches à trois
rentrées, qu'ils s'y ruinèrent. Ces estampes n'étaient pourtant pas méprisa-
bles ; leur dessin bien accentué, leur ton doux et pittoresque, bien que
d'un petit effet, les mettent en contraste avec les nombreux camaïeux
trop négligemment croqués ; elles occupent d'ailleurs leur place dans la
manière française antérieure à Vouet, et présentent des types non encore
atteints de sa fadeur. *La Sainte famille*, 1623, *Judith*, *Énée*, *Le Flû-
teur*, avec des figures d'une attitude risquée, ont leur esprit et leur naturel ; au lieu de chercher ce qu'il a de louable ou de répréhensible, j'aime
mieux dire qu'il est empreint des traits du temps, qu'il a un air à la fois
pastoral et capitan. Businck se montre dessinateur original et graveur
plus expressif dans des pièces de costumes de gueux et d'allégories ;
c'est là qu'on voit le travail de tailles déliées et empâtées, par lequel il
voulait imiter les traits de la gravure au vernis dur. Quelques-unes de
ces pièces sont datées de Munden, où l'artiste, peu encouragé en France,
alla sans doute mourir.

Un Belge, Édouard Ecman, prit de Businck la manière de graver sur
bois à l'imitation de la pointe. Il grava d'après lui *Une Jeune femme
cousant près d'une cheminée* ; mais c'est à Callot qu'il eut le bon esprit
d'emprunter ses gueux et ses caprices ; il voulut même faire aux types
lorrains les honneurs du camaïeu. Papillon a loué l'extrême délicatesse
de ses tailles, et cité comme son chef-d'œuvre, *Un Feu d'artifice sur*

l'Arno. Un livre de figures à dessiner à la plume, qu'il publia en 1621, montrerait aussi ce talent dans tout son jour ; mais les Cabinets, tant belges que français, ne paraissent pas avoir fait grand accueil à ses ouvrages. Ecman eut du moins le mérite de soutenir vaillamment un art qui dépérissait, en le mettant au service de ce que la pointe produisait alors de plus original.

XXXVI.

Les eaux-fortistes de la régence de Marie de Médicis et du règne de Louis XIII.

1. Marie de Médicis avait rapporté de Florence l'amour des arts ; mais ses goûts ne furent ni italiens ni délicats. Il n'y eut guère autour d'elle et de sa favorite la maréchale d'Ancre, petite personne maigre et brune, d'autres artistes italiens que des maîtres de chapelle, et cet Italien espagnolisé, le cavalier Marin, dont la poésie dépassait de cent coudées, à en croire la vogue, celles de l'Arioste et du Tasse, et qui émerveillait le monde par ses *acutezze* sur les beautés corporelles de la reine [1]. Elle favorisa volontiers les Flamands et fit venir Rubens à Paris. Les peintures du Luxembourg, avec leurs splendeurs matérielles, n'étaient pas faites pour inspirer la noblesse à notre école ; encore là même le peintre a-t-il flatté Marie de Médicis. A côté des représentations officielles et emblématiques qu'il en a faites, il nous a laissé un crayon tout marqué de son ongle, où sont accusées les rougeurs des passions tracassières de la reine et les méplats de ses quarante-sept ans. Cette beauté avait été sans doute plus distinguée dans sa jeunesse ; mais celle qu'avaient propagée nos graveurs de crayons et de tailles-douces, était également dépourvue de grandeur et d'idéal. La poésie n'avait pas reçu de ce côté des inspirations plus hautes que l'art. La régence avait enfanté, entre beaucoup de corruptions, une légion de poètes à la verve triviale et cynique. Théophile, Saint-

---

[1] *Il Tempio, Panegirico alla maestà christianissima di Maria de' Medici,* in lione 1605. Ce poème est dédié à la maréchale d'Ancre, et dans les derniers sixains se trouvent décrites *le bellezze corporali della reina.*

Amant, Courval Sonnet, qui lui dédièrent plus d'une pièce, conspuaient les traditions des poètes de la Renaissance :

Nargue du Parnasse et des Muses,
Elles sont vieilles et camuses.

Un groupe d'artistes dessinateurs négligés et graveurs sales obéit aux mêmes instincts. La plupart allèrent à Rome, selon l'usage désormais établi ; entre toutes les écoles qui s'y disputaient le terrain, ils se frottèrent de préférence aux naturalistes : par les exemples qu'ils y prirent comme par leurs penchants natifs, ils se trouvèrent disposés à lever drapeau contre les tailles-douces, contre les eaux-fortes imitant les effets réguliers du burin, contre toutes les tendances académiques et idéalistes.

Claude Vignon, de Tours, fils d'un valet de chambre des rois Henri III et Henri IV, et calviniste, fut amené à Rome vers 1610 par deux religieux qui voulaient y ménager sa conversion. Ni Félibien, ni Guillet de Saint Georges ne nous apprennent chez quel maître il travailla ; mais les eaux-fortes qu'il exécuta de 1618 à 1621, *Saint Pierre et saint Paul au tombeau,* *Le Martyre de saint Laurent*, dédié à son ami Langlois dit Ciartres, alors aussi résidant à Rome, indiquent l'imitation des façons rapides et salies de Caravage et de Ribera ; il les garda même en gravant d'après le Josepin *La Vierge couronnée dans le Ciel.* Le graveur rapetisse d'ailleurs le dessin et tourmente les expressions beaucoup plus que ne faisaient les naturalistes ; cependant, une eau-forte qu'il fit alors (1618), d'après une composition de son ami Vouet, est tout à fait digne d'un maître ; c'est celle que M. Robert Dumesnil a intitulée *Les Deux amants* et qui, suivant une tradition, représente Vouet lui-même et sa maîtresse. Les deux personnes en demi-figure sont d'une grande franchise d'expression ; l'artiste accoudé, une main sur l'épaule de la femme et jouant avec le ruban de la collerette, et celle-ci se laissant fort simplement aimer. L'exécution, qui est aussi des plus vives et grandement traitée jusque dans les accessoires, ne pêche que par un effet de l'eau-forte, que l'on a laissée trop mordre.

En quittant l'Italie, Vignon, après un voyage en Espagne, revint à Paris vers 1625, où il devint l'un des jurés de la maîtrise et le peintre le plus accrédité par sa grande pratique, sa connaissance des anciens tableaux, la promptitude de ses dessins et l'effet de ses peintures. Il était chargé des missions artistiques de Marie de Médicis, des commandes des Mais de Notre-Dame, des illustrations des livres en vogue ; mais tout cela ne l'a pas sauvé de l'oubli, et l'on chercherait vainement au Louvre un de ses tableaux. Il fut gravé par Lasne, David, Lochon, de Son, Couvay et beaucoup d'autres ; mais ces burinistes ne font souvent que trahir son insipidité. Ses eaux-fortes, qui ont été décrites au nombre de vingt-sept, lui créeront de meilleurs titres.

Dans les pièces que Vignon exécuta à Paris, notamment dans la suite des *Miracles de Jésus-Christ*, publiée chez Pierre Mariette, il ne se soustrait pas aux petites habitudes de dessin, ce qui a fait dire à M. Robert Dumesnil qu'il a quelque analogie avec Lalleman : le Christ a des traits mesquins, la Religion et la fille de Jaïre ont des formes molles et des mines vétilleuses. Ces figures ont d'ailleurs de la pauvreté et de la monotonie dans l'expression ; mais elles sont faites avec un grignotis de pointe facile et s'arrangent dans des compositions d'un effet doux et pittoresque. Vignon d'ailleurs, dans ces estampes pieuses, cherchait à satisfaire d'autres goûts que ceux des artistes ; l'on connaît mieux son vrai penchant en voyant l'une de ses compositions fougueuses, comme *L'Apothéose d'Hercule*, où paraissent les bouillonnements de son dessin et les lueurs de sa pointe.

2. Pierre Le Maire, connu surtout comme l'ami de Poussin [1], ne figure point en cette qualité dans la gravure. Sa liaison avec le grand peintre est d'une époque où il paraît n'avoir plus gravé. Nous ne connaissons du moins de lui que des estampes dans la manière de Vignon, *Les Aventures de Paris*, qui sont dédiées à M. Vignon, peintre très-excellent, en 1637. Malheureusement, il a plutôt de son maître les mauvaises qualités que les bonnes : de l'incorrection dans le dessin, de la niaiserie dans les expressions, vices que ne sauve pas le grignotis de la pointe. En esquivant dans ses compositions les difficultés du nu, il n'évite pas les formes igno-

---

1 Voyez une note de M. de Chennevières ; *Archives*, tom. I, pag. 28, et la notice de M. Robert Dumesnil.

bles et ne garde quelque agrément que dans les accessoires. On peut
s'étonner de voir de tels types gravés à Rome, mais Le Maire les trouva
sans doute sur des dessins faits à Paris dans l'atelier de Vignon, et avant
qu'il n'eût pris de meilleures leçons de Poussin et de Dominiquin.

3. PIERRE SCALBERGE, cité par Félibien parmi les peintres que Vouet
employait aux accessoires de ses patrons de tapisserie, a, comme dessinateur et comme graveur, des allures variées, libres et assez personnelles. Il grava sur les dessins de maîtres très-différents, Raphaël, Bassan,
Cigoli, Josepin, Dominiquin; mais il inventa aussi quelquefois ses sujets.
M. Robert Dumesnil, qui a décrit de lui quarante-six pièces (il y a d'autres eaux-fortes anonymes qui pourraient encore lui être attribuées), rapproche dans divers morceaux sa manière de celles de Picou, de Vuibert, de
Bellange, de Vouillemont, de Boulongne et de Nicolas de la Fage. Au
milieu de tant d'emprunts, il eut pourtant quelque chose à lui. Il était
capable de dessiner assez fièrement et de finir sa gravure avec moelleux,
comme le prouvent les grandes pièces qu'il a faites d'après de bons modèles
et entre lesquelles je ne citerai que *Psyché venant dans l'Olympe implorer
Jupiter*, d'après Cigoli ; mais il avait un goût de dessin piètre. Il le fit
paraître surtout dans la suite la plus connue de son œuvre, *Scola d'Amore*,
publiée en 1638 chez François Langlois dit Ciartres, maintenant établi
à Paris. Vénus y a une pauvreté de formes et une puérilité d'expression
qui frisent le ridicule. Sa beauté se résume en des traits pointus, des épaules
et des hanches dévalées. Malgré le peu de charme de ces traits, Scalberge y laisse encore sentir, mieux que dans ses traductions de Raphaël,
les qualités qu'il put avoir : de la prestesse, des fonds légers, et le goût
de son temps. Il y a dans son École d'amour telle figure à laquelle ne
conviendrait pas mal la description faite par un poète du parnasse saty-
rique, qui nous chante une jeune beauté :

> *Elle a les dents plus belles qu'un rateau*
> *Et le nez fait tout ainsi qu'un marteau,*
> *Le corps vuidé comme une besagüe,*
> *La taille courte et la poitrine aigue,*
> *La fesse grosse et le dos en façon*
> *D'un lièvre.....*

4. Le dessinateur le plus fécond et le plus caractérisé, le graveur le plus original de ce groupe fut PIERRE BREBIETTE, de Mantes. Mariette soupçonne qu'il fut le disciple de Lalleman; il fut peut-être aussi celui de François Quesnel, dont le portrait figurait en tête de son œuvre gravé, publié en 1638 par Auguste Quesnel, et qui contient des pièces datées dès 1625. Il alla en Italie : à Florence, où il grava les Niobides et la Madonna del Sacco; à Venise, où il reproduisit plusieurs tableaux de Paul Véronèse, en s'inspirant assez bien de la manière de ce maître; à Rome, où il fit des Vierges d'après Raphaël et André del Sarto, des sujets de bacchanales. Le graveur italien qu'il doit avoir le plus goûté est Tempesta, comme l'indiquent les Centaures et les Lapithes, 1625, et quelques autres pièces. Il a dû aussi faire connaissance à Paris avec Van Thulden, amené par Rubens, et avec d'autres Flamands moins corrects. Il fallait bien que nos graveurs, après avoir été complices des graveurs d'Anvers dans la dévotion aisée et la taille-douce, les fissent à leur tour tremper avec eux dans les écarts de la régence et les licences de l'eau-forte. Jean Thomas et Jean Lys, que j'ai mentionnés ailleurs, servent d'entremetteurs dans cette liaison des deux écoles; mais Brebiette fut, du reste, original dans son dessin comme dans sa gravure. Mariette, qui lui trouve un génie fécond et spirituel, lui reproche un peu trop de libertinage; ceci ne doit s'entendre sans doute que de sa pointe, car le portrait piquant qu'il nous a laissé de lui le représente dans un cartouche soutenu par deux amours, pressant sur son cœur la miniature de sa femme, avec les légendes: *Animum pictura pascit inani*, et en marge : *Fidelissimæ conjugis Ludovicæ de Neu-germain posteritatis memoria consolatur.*

La Vierge et les Vertus de Brebiette ont plus de rotondité que d'expression, et prennent quelquefois dans les compositions les plus consacrées, comme *La Sainte famille* et *La Fuite en Égypte*, des attitudes risquées; d'autres cependant, comme *La Vierge tenant le corps de Jésus descendu de la croix*, sont pleines de sentiment. Le maître affectionne dans ses têtes un type caractérisé par des contours sphériques et des yeux bridés; autant qu'on peut en juger sur la miniature de cinq millimètres que je viens de citer, c'étaient les traits de Louise de Neugermain, sa femme. Brebiette dépensa plus convenablement sa verve et fit valoir plus spirituellement ce type dans les sujets de bacchanales, dont il avait pris le goût à Rome, mais qu'il traita avec une liberté et une ironie fort éloignées de l'antique et aussi de la renaissance. Il sala trop les divertissements de ses nymphes et de ses satyres, et traita souvent le Parnasse avec autant d'irrévérence que le faisaient les poètes de la régence, osant représenter ici l'accouchement incongru d'une satyresse, là deux nymphes exposées aux indiscrétions de Zéphyre. Il se plut aussi à composer quelques pièces de mœurs : *Le Mari fouetté, cette diablesse dont la teste n'entend ni rime ni raison ; La Bohémienne, en cherchant la bonne adventure, mignonne, tu ne prévois pas ; Le capitan, je suis un soleil en beauté et ma Lydie est un astre en clairté* ; elles achèvent de faire connaître ce talent plein d'humeur.

Son dessin n'a pas toute la correction exigible, mais il a toujours du trait ; sa pointe, forte ou légère par boutades, varie toujours les travaux de hachures et de points, en les accentuant à sa manière. Les graveurs qui travaillèrent sur ses dessins, C. David, C. Bloémaert, Jaspar Isac, Jean Picart, en appropriant son dessin, ne surent pas traduire son esprit.

5. PIERRE BIARD, fils d'un statuaire de Henri IV, que M. Robert Dumesnil a fait connaître comme graveur d'une pièce d'ornement à l'eau-forte, et statuaire lui-même, auteur de l'ancienne statue de Louis XIII à la Place Royale, n'a pas laissé un nom dans la sculpture ; il l'a aimée d'une passion malheureuse qui s'est révélée dans plusieurs de ses compositions. Son œuvre gravé de vingt-quatre pièces, emprunte un certain intérêt à cette préoccupation sculpturale et aux études que l'artiste fit à Rome. Sans être un graveur bien fixé ni un dessinateur correct, exempt de négligences et de pesanteurs, il prend dans certaines pièces, telles que *Vénus excitant l'Amour*, des façons agréables et pittoresques. En dessinant quelques compositions de Michel Ange et de Jules Romain, il a eu de l'ambition ; son style était naturellement entaché de puérilité, mais les habitudes de la statuaire, la dureté des contours, la simplicité de plan des bas-reliefs aussi bien que l'étude des ouvrages de Jules Romain, l'ont rapproché davantage des graveurs de Fontainebleau que des graveurs de Vignon. La plus importante de ses estampes, celle où l'on peut le mieux apprécier

le genre de talent qui lui était échu, est *La Renaissance de la sculpture*, composition allégorique de vingt figures, faite en 1627 et illustrée de quatrains italiens. Il s'y est représenté lui-même dans la jeunesse, caressé par l'Italie, et dans l'âge mûr, dégagé du joug et des entraves, mais succombant à la peine, soutenu et protégé par Rome, Venise et l'amour contre les attaques de l'envie et des autres monstres de l'enfer. Biard, dans tout son œuvre comme dans cette estampe, est un artiste contristé qui semblait fait pour aller plus loin, et qui s'arrêta là ; il était peut-être huguenot.

6. JACQUES LEMERCIER, architecte du roi, dont les édifices ont été énumérés par d'Argenville, se recommande aux amis de la gravure par trois pièces que M. Robert Dumesnil a décrites et où il a trouvé une pointe spirituelle et énergique. Bien qu'elles se rapportent à une époque antérieure, je noterai ici la plus intéressante au point de vue historique : *Henri IV dessigné sur la statue de bronze de Saint-Jean de Latran*, en 1608, représentant le roi en pied costumé à l'antique, est une eau-forte des plus fines, ayant la largeur d'un bois et le relief d'un burin ; la tête y ressort sous la plus vive lumière. L'autre pièce du même genre, *Le Plan et l'élévation du catafalque de Henri IV*, est gravée d'une façon à la fois exacte et pittoresque.

Un autre artiste du même nom, ANTOINE LEMERCIER, son parent peut-être, est connu principalement comme graveur d'architecture ; ses cheminées, portes et tabernacles, sur l'invention de P. Collo architecte, sont, outre l'arrangement cossu de leurs compartiments, animées de figures prestes gravées avec le grignotis un peu sale de Scalberge, et avec assez de correction ; le premier état de ces pièces, que n'a pas vu M. Robert Dumesnil qui les a décrites, porte : *Ce livre se vend au faux bourg Saint Germain, rue Princesse, à la Clef dor, chez Anthoine Lemercier, 1673* ; mais la pièce qui fait le plus d'honneur à Lemercier est *Saint Jean-Baptiste dans le désert*, figure expressive hardiment posée dans un site pittoresque. Sans affirmer qu'elle vient d'un statuaire, on trouvera certainement qu'elle indique un dessinateur fin, ayant à son service une pointe exercée dans le goût de celle de Lesueur dans la pièce d'après Vouet. Son auteur en a certainement gravé d'autres qu'il faudrait chercher.

7. **Nicolas Prévost**, que Marolles dit apprenti de Claude Vignon et graveur de six petites pièces en eau-forte, a une manière faite pour racheter son école des enlaidissements de Scalberge et de Lemaire. Il s'inspira de modèles plus purs ; s'il n'alla point en Italie, il dut voir à Paris les eaux-fortes des élèves de Guide. M. Robert Dumesnil, qui n'a décrit qu'une seule pièce, *La Sainte famille*, la plus belle il est vrai, trouve qu'elle rappelle ce que Ferdinand a fait de mieux ; mais Ferdinand est postérieur de plusieurs années. Deshayes et Garnier, qui dans certaines pièces ne sont pas non plus sans analogie avec lui, n'ont dû aussi graver qu'après. Nous n'avons, il est vrai, d'autre date et d'autre renseignement sur sa vie, que le Mai de Notre-Dame qu'il peignit en 1641 ; mais cette commande suppose un peintre déjà mûr, et ses eaux-fortes sont probablement antérieures. En parcourant son œuvre, que l'on connaît maintenant au nombre d'une dixaine de pièces [1], où il y a trois Vierges, trois Vénus et trois Vertus, on aperçoit des expressions sérieuses et douces, des formes se détériorant dans les extrémités, un travail de pointe léger dans les pièces qu'il a le plus finies, qui garde même, dans celles qu'il a le moins faites, de la morbidesse et des effets agréables.

8. **Jean Des Haies**, que Marolles, seul parmi les anciens auteurs, a enregistré dans la nomenclature embrouillée de son catalogue de 1666, grava *Une Descente de croix* d'après Vignon, et quelques pièces pieuses de son invention, qui indiqueraient un peintre et un élève de ce maître. M. Robert Dumesnil, qui les a décrites, l'avait d'abord confondu, pour plusieurs ouvrages, avec Garnier, dont certaines planches parurent avec son nom. Deshaies dut se rapprocher à la fin de Garnier ; mais dans ce qu'il fit d'abord et dans ce qui lui appartient plus certainement, il eut les airs confits, les façons libres et empâtées de Vignon, tout en raffinant et éclaircissant ses travaux. Tel on le voit du moins dans *Saint François* et dans *Le Martyre de Sainte Catherine*, qu'il a signés en toutes lettres comme auteur ou comme éditeur.

---

[1] Il y en a dix sous son nom au Cabinet des estampes.

XXXVII.

Les écoles de Vouet, de La Hire et de Blanchard.

1. Louis XIII, au moment où il se débarrassait des influences capricieuses de la reine-mère, avait fait venir d'Italie SIMON VOUET, pour être le peintre en titre de son règne. On dit même que le roi, qui s'était fait donner par Israël Henriet des leçons de dessin à la plume, prit aussi de Vouet des leçons de pastel [1]. La gloire du peintre fut bientôt au pinacle. Les palais du roi et les palais du cardinal Richelieu, les églises et les hôtels s'ornèrent de ses tableaux; il triompha de Rubens, de Philippe de Champagne, de Poussin ; il fut salué unanimement du titre de restaurateur de la peinture française. Qu'avait-il fait pour tant de succès? Il avait exploité en flatteur le type régnant. Sans rechercher ici sa peinture, nous pouvons le connaître par les graveurs qu'elle eut. Vouet a indiqué lui-même la gravure qui lui convenait le mieux dans *La Sainte famille au moineau*, que M. Robert Dumesnil a décrite comme sa seule estampe; elle est spirituelle, faite d'une pointe floue et lumineuse, sans la fierté qu'on attendrait d'un peintre. Il semble y avoir suivi les errements d'une gravure au burin qu'avait faite Pierre de Jode, sur sa composition et probablement dans son atelier, puisque le maître en signa la dédicace en 1632, un an avant qu'il ne la gravât lui-même à l'eau-forte, avec un soin qui témoigne de son désir de lutter avec l'artiste flamand. Un jet plus rapide de sa manière est indiqué dans des estampes qui portent son nom comme peintre et celui de Huart comme imprimeur : *David accoudé sur la tête du géant*, *E locancia*, et d'autres qui ont été attribuées par M. Robert Dumesnil à Dorigny ou à Garnier. Nous avons là, même avant de passer aux graveurs qui la sanctionnèrent, une façon toute nouvelle, qui tient le milieu entre les allures trop rapides des peintres et les lenteurs des burinistes; nous y avons de plus le modèle déjà bien fixé d'une beauté molle et doucereuse qui va désormais trôner dans l'école française.

---

[1] Félibien ; *Entretiens*, 1688, in-4°, pag. 185.

Vouet s'était marié à Rome avec Virginia de Vezzo ; la Vellétrienne, dont Mellan nous a laissé le portrait, Rome 1626, était d'un type petit pour une Italienne, avec des yeux noirs pleins de douceur. Le peintre, dans les longues études qu'il fit en Italie, avait, comme on sait, tempéré l'imitation de Caravage, à laquelle il s'adonna d'abord avec Valentin, par l'imitation des têtes idéales de Guide. En France, d'autres modèles le préoccupèrent. Anne d'Autriche dominait dans la première phase d'une beauté blonde et délicate à l'excès : une rose ébranlait ses nerfs, la toile de Hollande était trop rude pour sa peau ; malgré ses grands yeux et son nez royal, un menton fuyant donnait de la petitesse à sa physionomie. Les autres femmes dont la beauté retentissait alors, étaient les belles chères de l'hôtel de Rambouillet, qui ne devaient pas être moins précieuses dans leurs traits que dans leur langage, et les objets des platoniques ardeurs du roi, Mlle de Hautefort, qu'il n'osait toucher qu'avec des pincettes, Mlle de Lafayette, qui abrita les scrupules de son amour et de sa beauté sous le voile de sœur Angélique. Elles témoignent toutes du changement survenu à la cour, à la ville et dans les ateliers, depuis le temps des beautés de Fontainebleau. Les artistes, indépendamment de leur mérite et des emprunts qu'ils font à l'Italie, ne pouvaient que reproduire de nouveaux types. Une révolution s'était d'ailleurs accomplie dans les mœurs ; avec la liberté religieuse, l'esprit alerte de la renaissance avait été étouffé, supplanté par l'esprit dévot. Le roi, sous la tutelle du cardinal de Richelieu, laissait la reine stérile ; Anne ne pouvait se résigner à un amour tel que celui que paraissait lui offrir Richelieu, et toutes les dames de France se faisaient sujettes du royaume de Tendre. Nul mieux que Vouet ne pouvait donner aux arts l'expression qui répondait aux sentiments de l'époque. Les types qu'il consacra dominèrent longtemps l'école française ; ils fructifièrent d'abord parmi les nombreux graveurs sortis de son atelier.

Pour montrer quel fut dès l'abord la puissance du modèle de cet atelier, il se trouve qu'un peintre dont le nom devait éclipser un jour celui de Vouet, EUSTACHE LE SUEUR, qui n'était alors que le plus obscur de ses élèves, grava, lui aussi, *Une Sainte famille à l'agneau* ; avec des qualités de dessin très-fines et une pointe aussi déliée que moelleuse, elle reproduit le type du maître, sa mollesse et sa petitesse de traits. On surprend là le germe des qualités élevées , bien qu'étroites, que montra plus tard le peintre de l'hôtel Lambert et du cloître des Chartreux.

2. FRANÇOIS PERRIER, de Mâcon, avait fait à Rome d'assez fortes études, en travaillant chez Lanfranc, en dessinant des statues et des bas-reliefs antiques. Au dire de ses plus exacts biographes [1], il s'était signalé aussi par des tableaux. Parmi ses estampes, celles qu'on peut croire faites avant son retour en France : *Le Banquet des dieux aux noces de Psyché* , *Les Angles de la Farnésine* d'après Raphaël, sont des eaux-fortes traitées largement à la façon des maîtres, mais le style des originaux y est fort amoindri; il y a peut-être de la pratique de Lanfranc , il n'y a rien de son énergie. Appelé à Paris vers 1630, Perrier s'attacha à la manière de Vouet, avec une aptitude qui semblait prédisposée ; il copia l'estampe de Lesueur et grava le portrait du maître , sa figure pouponne et ses petits yeux enveloppés de paupières épaisses. Il traduisit plusieurs de ses compositions avec le flou requis. En gravant ses propres dessins, dans *La Fuite en Égypte* comme dans *Les Pestiférés guéris par saint Roch* , ce sont encore les modèles de Vouet qu'il reproduit. Ses Vierges ont des formes et des expressions tout attendries , les yeux voilés, les traits poupons ; ses académies les plus vigoureuses ont de la morbidesse.

Perrier, qui avait appris les procédés de l'eau-forte chez Lanfranc , en apporta la pratique chez Vouet; là cependant il appesantit ses travaux, les colora, les pointilla de façon à s'harmoniser avec la manière qu'il devait rendre. On n'imagine pas un système de hachures mieux faites pour rendre des formes lâches quoique expressives, et une lumière vive mais factice. Le graveur trouva encore un moyen de forcer davantage l'effet de ses estampes, en les tirant une première fois sur du papier bleuâtre , et une seconde fois avec des rehauts de blanc en forme de camaïeux. Ce procédé n'était pas nouveau, quoi qu'en dise Bosse [2]. Perrier en avait puisé l'idée dans les gravures de Coriolano, et plus près de lui dans celles de Businck ; mais les pièces de ce genre qu'il a données ne sont pas moins les plus piquantes

---

[1] Guillet ; *Mémoires inédits*, tom. I, pag. 127.
[2] *Traité des manières de graver*, Paris, 1645, in-8°, pag. 74.

de son œuvre. *Le Repos en Égypte*, *La Statue de David* d'après Michel Ange, *La Flore* d'après l'antique, toutes vouétisées qu'elles sont, charment par leur effet moelleux et leur travail plein d'adresse ; le graveur ne conserva pas ce soin dans le plus grand nombre de ses eaux-fortes. Les suites de statues et de bas-reliefs antiques qui furent publiées la première fois à Rome, en 1638 et 1645, ont surtout compromis sa réputation ; il les dessina de pratique, dans un voyage qu'il fit pour ses affaires, et les grava au plus vite, pour le débit des marchands d'estampes, en y mettant pour pittoresque la facture grasse de sa pointe. Cette facture paraît encore avec avantage dans les premiers états. Mais si l'école de Vouet a voulu lutter par là avec les études antiques que Poussin faisait à Rome dans le même temps, elle a malheureusement donné la mesure de son infériorité.

3. MICHEL DORIGNY, de Saint-Quentin , élève et gendre de Vouet, est le graveur le plus considérable de son atelier. Il avait commencé, si l'on en juge sur l'estampe de *L'Adoration des rois* d'après Lalleman, par travailler dans la manière fanfaronne et badine des graveurs de la régence ; il termina en se mêlant à des écoles postérieures, car sa carrière s'étendit jusqu'en 1666 ; mais dans ses compositions originales, comme dans la plupart de ses traductions, il n'eut pas d'autre manière que celle de Vouet. Le seul graveur italien qu'il ait connu est Odoardo Fialetti, dont il copia librement quelques pièces sous le titre : *Les frisse Dodorre Fiallet*, et il devint à ce contact plus pittoresque mais sans changer de style.

En gravant les sujets religieux et les sujets bachiques qui partagent à peu près son œuvre, Dorigny s'était pénétré de toutes les habitudes de Vouet, de ses expressions fades, de ses profils fuyants, de ses membres désossés, de ses extrémités sinueuses et de ses effets de lumière heurtés. Pour les rendre, il eut un dessin plus arrêté que celui de Perrier, et un travail de gravure plus perfectionné. Sa pointe, déliée comme un burin, mais toujours moelleuse et colorée, prend au besoin de la finesse et de la symétrie, sans cesser d'avoir de la chaleur. M. Robert Dumesnil, qui a décrit l'œuvre de Michel Dorigny en cent trente-cinq pièces, de manière à dispenser de toute recherche, le rapproche dans un endroit de Nicolas de Son, dans un autre de François Tortebat. Le graveur d'un œuvre aussi prolongé dut en effet subir dans son métier plusieurs modifications. Dès ses premières pièces, on remarque une tendance prononcée à se rapprocher des burinistes ; enfin, dans deux pièces facétieuses où il n'a pas mis son nom, mais qui ne peuvent être mieux attribuées qu'à lui, *La Pompe funèbre de la mode* et *La Mansarade*, on trouve de l'esprit de composition et un travail libre dans sa solidité ; l'œuvre historique et mythologique du maître en est fort agréablement varié.

Tortebat, autre gendre de Vouet, prolongea sa manière dans les gravures, fort au-delà de l'établissement de l'Académie, dont il devint membre.

4. Nicolas Chapron, de Châteaudun, d'abord élève de Vouet, grava en 1639 cinq à six sujets de bacchanales de sa composition ; ils reproduisent les types du maître avec une force et un sentiment du pittoresque supérieur à tout ce qui se faisait dans son atelier. *Vénus et Bacchus groupés avec un faune*, *Une Bacchante et des enfants auprès d'un tombeau antique*, malgré le désossé des membres et la mesquinerie des expressions, témoignent de sa science et de sa verve. Son humeur ou le défaut d'ouvrage l'éloigna ensuite de cette école ; il se rangea du côté de Poussin et le suivit à Rome dans son second voyage, en 1642. Nous savons par les lettres de Poussin, qu'il exécutait en 1644 une copie de la Transfiguration pour le Noviciat des jésuites de Paris ; il se dégoûta de ce travail, qu'il trouvait mal payé, et s'attira l'animadversion du grand peintre ; toutes les injures dont il est poursuivi : bœuf, *Caprone id est Becco*, impudent, menteur, s'adressent cependant plutôt à son caractère qu'à son talent. Nous ne connaissons les tableaux de Chapron que par deux estampes de Henri Picquot, mais *La Bible de Raphaël*, qu'il grava en cinquante-quatre pièces, dénote beaucoup d'aplomb dans le dessin et une gravure ramassée et pittoresque. M. Robert Dumesnil déclare cette suite supérieure à celle de Badalocchio et de Lanfranco, et à celle de Borgiani. Mariette, qui l'avait d'abord admirée sans réserve, dans une autre note que je crois postérieure, y relève de la pesanteur et de l'outré ; le fait est que les planches de Chapron ne sont pas carrachisées comme celles de Lanfranc, ni caravagiennes comme celles de Borgiani, ni barochisées comme celles de Villamena, mais qu'elles sont poussinesques. Vous pouvez, en les comparant, choisir celle

qui vous plaira ; mais vous serez forcé de convenir que les autres ont des
qualités qui manquent à celle que vous aurez préférée.

Henri Picquot se fit connaître, en 1640, par deux estampes d'après
Chapron, dont il était sans doute le camarade : *La Vierge montant les
degrés du Temple*, *La Vierge allaitant l'enfant Jésus*; elles sont dans la
manière de Vouet et de Dorigny. M. Robert Dumesnil, qui les a décrites,
ne trouve à ajouter à cet œuvre succinct, qu'une pièce facétieuse de la
composition du graveur, *La Grenouille évanouie.* Celle-ci est assez vivement
traitée et exempte de la lourdeur de la plupart des charges de ce temps ;
elle semble avoir inspiré l'un des plus sérieux caricaturistes du nôtre,
Grandville, lorsqu'il a dessiné le pas des batraciens, pièce où les loustics
de la Restauration voyaient une allusion à une princesse qui avait le
défaut de loucher un peu.

Thomas Picquot, frère de Henri, était graveur aussi et avait plus de
talent, selon M. Robert Dumesnil; mais on ne connaît de lui que des
ornements et le portrait de son maître, Marin Le Bourgeois, peintre et valet
de chambre de Henri IV et de Louis XIII.

5. Laurent de La Hyre, dont Félibien apprécie fort bien la peinture,
avait travaillé, comme nous le rapporte Guillet de Saint-Georges, sur les
ouvrages de Primatice qui lui tint lieu de l'Italie, et chez Lalleman; mais
il fut dès l'origine inventeur, ainsi que nous le voyons par ses estampes. Ni
ses études à Fontainebleau, ni son originalité ne le préservèrent cependant
des influences de son temps; c'est pour cela qu'on l'avait fait généralement
élève de Vouet. Il s'inspire des mêmes types, mais il raffine sur sa manière et il possède une élégance qui lui est propre. Sa pointe, plus
badine et plus aimable dans les mêmes travaux que les graveurs ordinaires
de Vouet, lui assure d'ailleurs toute sa distinction. Il sut dans plusieurs
pièces prendre le grignotis moelleux qui était en faveur dans d'autres écoles ; il enrichit ses sujets de terrasses, de ruines, de paysages traités avec
charme. Son œuvre bien décrit en trente-cinq pièces, de 1627 à 1648, est
assez connu, et l'on n'a qu'à choisir entre ses nombreuses saintes familles,
bien faites, par l'expression de leur tendresse, pour augmenter, comme dit
Guillet, la dévotion de ceux qui les regardent. La Hyre ne réussit pas moins

à exprimer les sujets amoureux : *Vénus et Adonis, Apollon et Coronis.*
Bien qu'il ait ici des façons plus négligées, les formes nues montrent mieux
la grâce naturelle à son dessin, car il avait les draperies peu résolues. Ceci
est encore une heureuse expression de Guillet de Saint-Georges, qui
nous dépeint La Hyre comme un homme d'une taille petite, d'une humeur
enjouée, aimant extrêmement la musique, et devenu très-gras sur les
derniers temps de sa vie. Cet excellent historien des peintres de l'Académie,
en parlant de quelques dessins, rapproche notre artiste de Lesueur ; il paraît
cependant dans ses estampes, toujours plus mesquin et plus doucereux ;
nulle part, mieux que dans son œuvre, on ne trouve le modèle de ce Christ
avec un visage de *torticolis* ou de *père douillet* flétri par Poussin. Il suffit
de citer l'estampe où Dieu le fils et Dieu le père ont des expressions ana-
logues, *Le Corps du Christ porté dans le Ciel ;* elle n'est pas cataloguée
par M. Robert Dumesnil, et on n'y lit que *L. de La Hyre invenit
Herman Weyen execu,* mais elle ne peut être que de lui ou de Chauveau,
dans l'œuvre duquel M. Leblanc ne l'a pas comprise. Ce type présente le
plus parfait contraste avec celui de Jupiter tonnant, qu'adopta Poussin et
qu'il prit d'une statue de Rome. La Hyre prenait le sien de Vandeschoux [1]
peut-être, mais là ne serait pas son tort : que n'a-t-il su lui donner plus
de style ?

6. FRANÇOIS CHAUVEAU, élève de La Hyre, ne fut remarquable que par
l'étendue de son œuvre. Le Manuel de l'amateur en a catalogué huit cent
cinquante-trois pièces ; Basan le portait à plus de trois mille. Ses estampes
les plus significatives sont dans la manière de son maître ; il y a de plus
une mollesse et une mesquinerie de dessin qui travestissent La Hyre aussi
bien que les autres peintres. Inventeur prolixe, dessinateur lâché, Chauveau,
à la suite des ouvrages de tous les beaux esprits de son temps, depuis l'*Ovide
en belle humeur* jusqu'au *Temple de la gloire,* rebute l'explorateur par
l'insipidité de ses figures ; on a de la peine à saisir l'agrément de ses compositions, où tous les personnages historiques ou mythologiques sont trans-
formés en héros de ruelles. Mariette, qui a beaucoup voulu le louer, sans

---

[1] Modèle de faible et petite stature, cité par Sauval ; *Antiquités de Paris,* vol. II, pag. 500.

doute à cause de sa grande réputation académique, en parle dans des termes qui ont leur malice, lorsqu'il place ses productions sur la même ligne que les romans dont elles font l'ornement. Il désigne sans doute le poëme d'*Alaric* ou le roman de *Macarisse*. Mais Chauveau ne s'en tint pas à Scudéry et à La Calprenède ; il se mesura avec des poëtes d'une autre trempe, avec Virgile et Racine ; de plus forts que lui y auraient succombé. Sans insister sur ses talents d'invention, on pourrait citer à divers titres : *La Vie de saint Bruno* d'après Lesueur, *Les Muses et les Piérides* d'après Perrin del Vaga, *Le Portrait de l'évêque Camus*, *Paris burlesque*, *Les Divers masques*..... Ces estampes donnent la mesure des talents du graveur et du dessinateur ; son exécution eut d'ailleurs beaucoup de variété. Après La Hyre, il se mit à la suite de plusieurs graveurs : Garnier, Boulanger et d'autres ; mais pour une grande partie de son œuvre il dépasse nos limites. Je n'avais ici qu'à montrer comment il mit La Hyre en cannelle. Il fut du reste de l'Académie ; appelé par son historiographe un excellent graveur à l'eau-forte, et par Marolles l'un des plus ingénieux dessinateurs qui fût de son temps.

On ne trouve pas le nom de LE JUGE dans la liste des élèves de Vouet donnée par Félibien, et Marolles ne le cite que parmi les graveurs de Carrache ; mais M. Robert Dumesnil l'a justement rapproché de Chauveau. Dans la notice qu'il a donnée de son œuvre de seize pièces, il cite comme belle *La Sainte famille*. Dans *Les Images des dieux des payens*, on ne trouve que le dessin mou, l'expression fade et les formes cotonneuses des plus mauvais vouétistes ; le jeu d'une pointe assez légère les rend seules supportables. Dans ses *Dames troyennes*, illustrées de quatrains qui ne valent pas mieux que ses types, Le Juge se rapproche par la mollesse de sa facture d'une autre école que nous allons voir, et à laquelle Chauveau avait fait aussi beaucoup d'emprunts.

7. De la famille et de l'atelier de Bolleri sortit JACQUES BLANCHARD, qui, plus jeune de quelques années que Vouet, ne se laissa point absorber par sa manière. Il avait voyagé, travaillé à Lyon, à Rome, à Venise surtout, dont les peintres et les modèles le captivèrent et dont il voulut importer en France la beauté lumineuse et abondante. Il y réussit assez pour qu'à sa mort, arrivée en 1638, alors qu'il n'avait que trente-huit ans,

on le saluât du nom de Titien français. Cette épithète, comme tant d'autres, n'est qu'un mot de coterie, mais elle indique une tendance. Blanchard levait un drapeau opposé à Vignon aussi bien qu'à Vouet ; il donnait à ses Vierges à mi-corps et à ses femmes nues, — Félibien dit qu'il était recherché pour les unes et pour les autres, — une plénitude et une fraîcheur qui devaient faire paraître maigres et maladives celles de ses rivaux. Ces qualités, nouvelles dans la peinture française, suscitèrent des changements dans la gravure. Avant que Blanchard n'eût un graveur affidé, le succès de ses tableaux lui valut des estampes anonymes, eaux-fortes rapides où sa manière est comme essayée; l'une de ces pièces, *La Vierge et l'enfant Jésus*, la plus connue et la plus digne de l'être, a paru d'un faire si magistral qu'on n'a point hésité à l'attribuer à Blanchard lui-même ; il y en a d'autres qui, sans avoir le même mérite, rendent pourtant le maître, de près et vivement. Telles sont *La Vierge assise, soutenant l'enfant Jésus marchant sur une table le dos tourné à saint Joseph qui tient une écuelle*; *La Vierge en demi-figure, la tête entourée d'une gloire où jouent des archanges, tenant dans ses bras l'enfant Jésus qui porte la main au fichu*; *Danaé couchée entre une vieille et un amour, recevant Jupiter en pluie d'or*. Les deux premières pièces portent seulement le nom du peintre, la troisième est marquée du nom d'un graveur resté tout à fait inconnu : DE LA COURT. On y voit, particulièrement dans les deux dernières, la gravure la plus appropriée au maître, consistant en hachures ténues mais grasses, croisées en tout sens, mêlées de points et éclairées de grands jours qui rendent les formes replètes et molles sous un aspect blafard. Quant aux types, on y aperçoit bien une grandeur et une plénitude absentes dans Vouet, mais on n'y reconnaît pas Titien. Bien que venues de Venise, les formes de Blanchard se sont métamorphosées à Paris; leur placidité a plus de bourgeoisie que de noblesse, et je n'y puis voir encore qu'une variété de la beauté des dames de la cour de la reine Anne.

8. ANTOINE GARNIER, que M. Robert Dumesnil a le premier fait connaître comme graveur, était aussi peintre. Il obtenait en 1654 un brevet de la

charge de peintre et graveur ordinaire du roi [1]. Il fut le traducteur le plus
considérable de Blanchard, et dans son dessin outra d'abord la manière du
maître. Ses premières estampes ne sont point datées, mais on peut croire
qu'elles furent faites du vivant de Blanchard ou bientôt après sa mort. *La
Sainte famille auprès d'une ruine*, *La Vierge montant les degrés du Temple*
et *La Charité*, offrent les mêmes modèles avec des formes engraissées et
une expression amoindrie. Ils sont gravés dans le mode que je décrivais
tout à l'heure, avec une plus grande douceur de travail. Après Blanchard,
Garnier passa à quelques autres peintres, en allégeant sa facture et modi-
fiant son dessin, ce qui fait qu'on a pu le confondre avec d'autres graveurs, particulièrement avec Deshayes. Il fut principalement fixé par
Primatice, dont il grava *L'Ascension*, des *Anges* et des *Saints*, d'après
les peintures de la chapelle du château de Fleuri, 1646, et *Les Vertus*,
d'après les peintures des armoires de Fontainebleau. Sous cette influence,
ses figures s'amincissent et se contournent, sa gravure prend des allures
plus libres. Mais il garda son expression mesquine, n'ayant pour toute
distinction que le goût des tons clairs qu'il avait puisé à l'école de Blanchard.

JEAN GANIÈRE se fait remarquer parmi les premiers graveurs de Blanchard, plutôt, il est vrai, à cause du petit nombre de ceux qui ont travaillé
d'après ce maître que pour son propre mérite. Marolles le notait pour
vingt-sept pièces, lesquelles il a copiées [2]. Heinecken a catalogué cependant, dans son Dictionnaire manuscrit, plusieurs estampes d'après Lalleman,
Valentin et Mignard, qui ne sont point des copies ; l'estampe des *Soldats
attablés consultant une devineresse*, est une des rares pièces ou l'on peut
bien juger le style de Valentin ; il a composé un certain nombre de sujets
pieux. A tout prendre, Ganière n'a pas exercé sans habileté le burin gras
de l'école de Blanchard, et s'est quelquefois approché de Ferdinand. Mais
le commerce le poussa à une facture plus propre et plus dure ; il fit d'ailleurs
plus volontiers des sujets actuels ou familiers, dont l'atelier de Blanchard

---

[1] *Archives de l'art français*, tom. III, pag. 266.
[2] *Catalogue de livres d'estampes*, 1666, pag. 94.

ne lui fournit plus les types et qu'il sut traiter avec plus de largeur que beaucoup d'autres. Je citerai *Le Dessinateur* d'après Quesnel :

> *Suivant les mouvements de mon jeune caprice,*
> *J'invente en mon esprit quelque dessin nouveau.*

Le Capitaine picard et *Margot la musette.* Les caractères du temps y sont rendus avec franchise et facilement gravés. L'œuvre modeste de Ganière reçoit encore quelque variété de deux pièces singulières ; l'une est emblématique : *Richelieu prenant une chenille sur un lis en présence d'un aigle et d'un aiglon* ; l'autre morale : *Les Trois nases du monde, la chicane, le cabaret, le bordel.*

9. NICOLAS DE LA FAGE, peintre du roi à l'aiguille, *Fagius acu Pictor regius*, avait été déjà recueilli par Marolles, qui le dit natif d'Arles. Par ses estampes, que les vers ont moins mangées que ses broderies, nous pouvons apprendre qu'il fut de ceux qui puisèrent directement leurs inspirations à la cour de France et propagèrent, sous les mêmes traits, le culte de la Vierge et de la reine-mère. Il se servit pour ces pièces, qui paraissent des études pour des tentures, faites de 1638 à 1645, d'une pointe grosse, claire, avec de longues hachures et quelques pointillages qui laissent au dessin toute sa justesse dans des formes molles et indécises. Avec ces données toutes professionnelles, il montre combien nos artistes ont su mettre d'originalité et de variations dans un genre déjà si pratiqué. *La Vierge et l'enfant Jésus*, dédiée à Anne d'Autriche, est faite d'une pointe vive et ferme, et la délicatesse de la manière apparaît d'une façon toute particulière dans *Le Portrait de la reine de Pologne*, qui accompagne une pièce allégorique de son mariage. On trouvera les sept estampes de La Fage, décrites avec tous les vers de sa façon, dans le Peintre-graveur français, plus les pièces d'ornements de de Bercy, autre brodeur-graveur qui fut sans doute son élève, et que M. Robert Dumesnil recommande à tous les ornemanistes actuels.

Ce ne furent pas les seuls brodeurs qui s'essayèrent à la gravure ; j'ai sous les yeux une grande pièce représentant saint Hyacinthe en chasuble, devant une madone, ainsi signée : *Lerous, brodeur, fe* 1639 ; elle n'est pas trop mal burinée pour un homme de son métier. Ce Lerous est probablement la souche de quelques méchants graveurs du même nom, qu'on trouve signés sur des pièces qui ne méritent pas d'être citées, et de l'artiste de la fin du règne de Louis XIV, dont M. Robert Dumesnil a décrit l'œuvre.

XXXVIII.

Les graveurs de modes sous Richelieu et Mazarin.

1. Tandis que les écoles de Vignon, de Vouet et de Blanchard servent, comme nous avons vu, les goûts de Louis XIII, d'Anne d'Autriche, des vainqueurs de La Rochelle et des lectrices des romans de Gomberville ; tandis qu'ils traitent tous les sujets religieux, historiques, mythologiques, sans efforts de dessin, édulcorant et attendrissant leur style pour mieux représenter une société qui se repose dans l'indolence d'anciennes agitations, qui rachète par la dévotion ses anciens péchés, sans préjudice des péchés nouveaux, et qui a remplacé la verte galanterie par la galanterie tendre, voici le groupe des dessinateurs de pastorales, d'habillements à la mode et de facéties, qui en donneront des représentations plus vulgaires, plus vives et plus amusantes. Ils ne reviennent pas d'Italie, comme les peintres d'histoire, et traduisent directement les types qui sont sous leurs yeux ; ils ne les vicient pas, ne les enlaidissent pas comme les artistes de la régence, ils les parent au contraire de toute la toilette de leur imagination :

> *Blanc d'Espagne, couleurs vermeilles,*
> *Perles, brillants, pendants d'oreilles,*
> *Passements, jupes de grands prix*
> *On vous estale, on vous promène*
> *Pour dupper les foibles esprits,*
> *Et l'on vous nomme Lysimène.*   GOMBAULD.

Callot a enseigné à nos graveurs comment on donne du style à des fadaises ; nous verrons les ruelles des précieuses passer tout entières dans leurs estampes. Si quelques-uns d'entre eux ont conservé des goûts moins raffinés et

préfèrent les modèles de plus mauvaise compagnie, c'est encore à la cour
qu'ils pourront les prendre. Gaston, duc d'Orléans, fort éloigné de la sagesse
du roi son frère, au milieu des guerres et des intrigues où il se trouva mêlé,
fut sympathique aux artistes et plus volontiers, par son esprit vif et plai-
sant, aux facétieux et aux libertins. Il avait établi dans sa riche maison le
royaume de Narsingue, opposé au royaume de Tendre, et un conseil de
vauriennerie dont les courtisans ne devaient dire que des sottises et des
parodies. Lorsqu'il alla à Nancy, l'atelier de Callot eut souvent ses visites.
La duchesse de Chevreuse, que nous avons déjà vue à Nancy, ne faisait pas
moins de bruit à Paris. Cette jolie friponne éveillée, dont Tallemant des
Reaux rapporte les propos égrillards, à laquelle les portraits de Daret et
de Leblond donnent des traits un peu moins sublimes que ceux qu'a
imaginés M. Cousin, un nez busqué, des yeux à fleur de tête et une coiffure frisotée retombant en boucles sur des épaules opulentes, devait être
pour nos graveurs de modes un parangon inévitable de beauté et de ton.

2. DANIEL RABEL, fils du peintre picard que l'on a vu parmi les graveur de crayons, fut, selon les renseignements de Mariette, peintre en
miniature, dessinateur à la plume habile à contrefaire les traits de la
gravure, faisant profession de montrer le dessin à la jeune noblesse,
alors éprise de ce goût, inventeur et graveur des ballets de la cour. Il
fut chargé par la reine d'aller faire le portrait d'Anne d'Autriche, et il a
retracé cette scène mémorable de sa vie dans une de ses plus fines gravures : *Le Peintre agenouillé sur un coussin, dessinant la jeune princesse
assise et entourée de trois dames d'honneur.* Ses estampes, trop souvent
confondues avec celles qui ont été faites d'après les dessins de Jean Rabel
ou avec celles de Briot, Isac, David, sont assez difficiles à mettre en
ordre : il y a des vignettes dans le genre de Léonard Gaultier, des portraits dans le goût de Jean Rabel, des paysages d'une facture sèche avec
un arrière-goût de Paul Bril, des chasses et des scènes de pastorales qui
rappellent les allures de Tempesta. Généralement, sa pointe, plus large
que déliée et plus molle que légère, accuse de l'analogie avec le graveur
florentin ; aussi croirais-je que le distique de Chelande fait allusion à
quelque rapport direct qui eut lieu entre les deux artistes. Si Rabel n'est

pas allé à Rome ou à Florence, il aura vu du moins à Paris les ouvrages de Tempeste; mais lorsqu'il eut à dessiner les ballets dansés par le roi et Mme de Luynes, ce n'est pas dans les opéras de Florence ni dans les types de Tempesta qu'il prend ses modèles. *Le Ballet de la douairière de Bilbao*, cité par Mariette, n'est pas passé sous mes yeux; mais *Renaud et Armide*, dansé par le roi et plusieurs seigneurs, en 1617, suite en treize planches de décorations et de personnages dansants, contient des figures gigottant et minaudant avec une gravité toute locale. La gravure est bien celle d'un habile dessinateur à la plume; les figures de *L'Aminte du seigneur Torquato Tasso* sont aussi tout empreintes de cette grâce fade dont on ne sentit le ridicule que dans un autre règne et lorsqu'elle fut remplacée par la grâce majestueuse. Les sujets se groupent quelquefois en de charmants motifs, comme celui-ci : *Que te sert Aminte fidèle de chasser ce bouc effronté, enfin Silvie rigoureuse sa mort te touche de pitié.* Rabel connut ensuite Callot et sa manière en parut toute ragaillardie. Il voulut faire sa *Tentation de saint Antoine*, pièce anonyme, à l'adresse de F. L. D. Ciartres; dans cette composition puérile, autrement conçue que celle de Callot et exécutée plus pesamment, il sut encore mettre quelque sel.

Sa plus grande distinction fut dans les figures de costume : *Voicy comme l'on s'accomode tant à la ville qu'à la cour.* C'est à ces douze pièces que Mariette pensait sans doute, lorsqu'il a parlé de la pointe de Rabel, très-fine mais sans feu et sans âme. Il n'y a pas le brio de Callot, mais la facture m'en a paru moelleuse; si les vêtements sont lourds, les membres un peu gros, les têtes ont du piquant. L'artiste a tout l'esprit nécessaire pour nous faire goûter ces beautés mijaurées, plus parisiennes dans leur tenue que celles de Callot; on s'apercevrait que ce ne sont pas des provinciales, rien qu'à les voir avec leurs figures précieuses, la bouche en cœur, les seins étalés dans des rotondes de dentelles, promener leurs robes brodées et leurs vertugades empesées. Rabel grava enfin des gueux et des figures de tabagie : *Le Jeu, le vin, le tabac et les dames — sont des plaisirs qui ravissent nos âmes; Fit trois pas en arrière, ha que le monde est grand; Mon valet des plus malitieux — souvent de lausmaune me frustre;* ce sont des galants, des scudards et des vielleurs, vers 1630, pris sur le fait. Ils sont traités avec un agrément qui relève le hideux de leur vice et de leur misère. S'ils ne montrent pas la verve qui en ferait des créations, ils ont du moins la façon qui les fit accueillir dans le monde et qui gagna à leurs types populaires une place dans l'école française non encore académisée.

3. Le plus ingénieux de nos dessinateurs de modes fut JEAN DE SAINT-IGNY, de Rouen, peintre de grisailles, de basanes dorées, sculpteur et graveur à l'eau-forte. Il a été longtemps méconnu, et dans son pays même; mais son nom a pu luire enfin sous un jour plus heureux. M. de Chennevières l'a fait revivre avec la sympathie d'un normand; M. Robert Dumesnil l'a inventorié avec l'exactitude d'un notaire; Mariette l'avait auparavant bien signalé en vantant le tour noble et gracieux de ses figures de modes, en relevant, hors de là, sa manière mesquine et de petit goût. Il reste seulement à préciser quel fut ce goût.

Les Diversités d'habillements à la mode, Le Jardin de la Noblesse française, La Noblesse française à l'église, qui sont les suites que Mariette paraît avoir eues en vue, furent comme on sait gravées sur ses dessins par Briot, que l'on trouvera dans une école précédente, et par Bosse dont il fut plus particulièrement le maître. Mais j'ai sous les yeux une autre petite suite de gentilshommes et d'officiers, marquée de deux monogrammes : I R inventor et D S I Sculpsit, 1634, qui ne peuvent être que de sa main [1]. La pointe en est pesante, mais moelleuse; les attitudes et les expressions sont remplies d'esprit; on n'a jamais mieux porté le feutre emplumé, les jarretières de dentelles et les gants à la frangipane. Ces qualités sont le fait du graveur plus que de l'inventeur, qui doit être Jean Rabel.

Saint-Igny était cependant plutôt dessinateur que graveur; on le reconnaît encore à la plus importante de ses compositions, *Certent arma togæ*; la facture de cette pièce capitale, malgré quelques parties appesanties, laisse voir toute la maîtrise du dessin, il y a un style aisé d'attitudes,

---

[1] Cette suite, qui est citée par Brulliot au nombre de douze pièces, a été attribuée à un autre graveur, Daniel Savoye; mais le peu qu'on connaît de cet artiste le reporte quarante ans après.

expressif dans les têtes, fin dans les extrémités, fièrement modelé dans les formes, auquel je ne trouve pas de comparaison; Rabel, qu'on lui donne pour maître, en est loin, et Vouet n'en approche pas non plus. J'aurais voulu que son historien en cherchât les origines en pleine Normandie. Il est probable qu'il garda toujours quelque chose de provincial dans son goût; mais Briot et Bosse se chargèrent d'accoutrer ses figures selon le goût parisien. Briot, que nous avons déjà rangé parmi les graveurs de crayons, mit à rendre l'expression mordante et le geste original du maître normand, tout ce qu'il avait de délicatesse dans le burin. Plus sobre que Bosse, il a peut-être mieux réussi que lui à traduire Saint-Igny, dans cette jolie suite en vingt et une pièces, dont la première nous donne *L'Habit et le maintien du gentilhomme français, lorsqu'en face de l'église il jure et promet foy et loyauté de mariage à une damoiselle*; dont les autres nous montrent ses différents habits, *à la cour, en visite, en quelque assemblée où il se retire derrière la presse, se couvrant un peu de son manteau pour voir sans être veu.* Bien que n'ayant pas des qualités aussi aristocratiques, *Les Travailleuses, Les Joueurs de musette* et *Les Capitans* de Saint-Igny n'en ont été que plus prisés, et ceux qui n'auront pas le plaisir de les avoir sous les yeux les trouveront, avec un peu plus d'esprit même qu'ils n'en eurent, dans l'Histoire des peintres provinciaux. Je n'insisterai, pour ma part, que sur *Les Éléments de pourtraicture* [1], qui sont le titre le plus irrécusable de sa valeur et de son originalité. Il tenait la quintessence du dessin de son temps et voulut en donner les règles géométriques.

Voyant que depuis longtemps personne n'avait donné la parfaite manière de pourtraire la figure humaine, sinon Albert Durer en s'éloignant de la vérité, le peintre a voulu en donner les éléments pour aider à la jeunesse et aux rudes en l'art de pourtraire, en se servant de démonstrations géométriques. Ces démonstrations aboutissent à une combinaison du sphéroïde et du cercle, qui donne avec une facilité merveilleuse les inclinations de la tête et de tous les traits façonnés comme on ne les vit qu'alors, fronts fuyants, yeux fendus, nez pincés. Les simples linéaments

---

[1] Le privilége donné à Jean Saint-Igny, peintre et sculpteur, est du 18 octobre 1630.

avec lesquels il grave reçoivent déjà sa manière par le renflement qu'il sait leur donner ; cette manière devient plus accentuée dans la série des bustes qu'il a mis à la suite et qui sont déjà campés, attifés et passionnés dans des façons qui ne sont qu'à lui, avec un trait léger ou élargi, à peine aidé quelquefois d'ombres légères. Dans d'autres séries dont je n'ai pas vu le texte et qui ne sont pas toutes décrites, la pointe de Saint-Igny se développe dans des académies d'homme, de femme, d'enfants et d'écorchés, les unes au pointillé, les autres au trait et quelques-unes terminées ; elles sont d'une crânerie indicible, avec des airs éventés ; des attitudes fanfaronnes et des traits de détail qui leur donnent souvent la valeur de véritables compositions. En voici une, N° 23, faite pour défier toute comparaison même avec Brebiette qui n'a pas cette finesse de pointillé ni cet esprit : Une petite fille nue, la joue arrondie, l'œil en coulisse, s'appuye sur un cippe où fume une cassolette et tient le chalumeau d'où s'échappent des bulles de savon ; elle vient de renverser, en levant la jambe, une autre cassolette dont l'épaisse fumée s'exhale à côté d'un chardon ; dans le fond est une ruine. C'est peut-être l'idée que l'artiste se faisait du bonheur : la gloire entre deux fumées.

Le portrait de Saint-Igny se rencontrerait deux fois dans son œuvre, au dire de M. Robert Dumesnil : à l'âge de vingt ans, dans le buste de jeune homme, N° 2 d'une des suites des Éléments de pourtraicture ; et à l'âge de trente ans, dans les figures de Jupiter du frontispice et du N° 5 d'une autre suite du même livre. Mais il est permis de douter de cette attribution, non que l'artiste ne fût capable de cette irrévérence envers le maître des dieux, mais parce qu'il paraît plus naturellement portraité dans ce godelureau du premier frontispice qui, tout en soufflant le feu (allusion à son nom, *ignis*) où cuit son ragoût, nonchalamment accoudé sur un établi, contemple le portrait de sa belle posé sur un chevalet à l'autre bout de l'atelier.

Saint-Igny était allé travailler à Paris, mais il n'avait jamais perdu de vue son pays ; c'est à Rouen que M. de Chennevières a retrouvé de lui deux tableaux en grisailles. Les tableaux d'or basané du musée de Cluny, que lui attribue M. Robert Dumesnil, viennent aussi d'une maison de Rouen. C'est dans cette maison bien connue, rue de la Grosse horloge, en face la rue Thouret, qu'on aurait pu juger le peintre et le sculpteur ; elle contenait de lui des statues et des peintures de plafond considérables [1]. Je regrette fort pour ma part de n'avoir pu vérifier jusqu'à quel point les éloges et les critiques faits de ces ouvrages par M. De La Quérière, la manière heureuse dont les figures y plafonnent, le raccourci superbe d'un groupe de Psyché et Mercure, le style boursoufflé, allaient à l'adresse de notre artiste ; mais, entre les morceaux transportés à l'hôtel de Cluny, les figures de *Roma* et de *Burcio* suffisent pour justifier l'attribution. Ces tournures fières, ces nez busqués, ces extrémités nerveuses, ces enfants aux rotondités prononcées, ne peuvent appartenir qu'à Saint-Igny. Le style, que l'archéologue de Rouen qualifie de tudesque et de flamand, est bien normand ; il a seulement changé par l'effet du temps, et ne ressemble pas plus aux naïfs bas-reliefs de l'hôtel du Bourgtheroulde, que Desyveteaux ne ressemble à Alain Chartier. Toutes sortes de modes étrangères ont altéré son ingénuité ; l'air matamore, arrivé à Rouen en même temps que les cuirs de Cordoue, l'a espagnolisé ; mais qu'on le considère de près, et l'on trouvera certainement encore tous les traits de cette sève normande qui a produit tant d'artistes originaux, depuis Guillaume Canonge le verrier de la cathédrale, jusqu'à Hyacinthe Langlois l'un des plus curieux graveurs sur bois de notre temps.

4. ABRAHAM BOSSE, de Tours, commença de pratiquer la gravure dans son pays vers 1620. Les premiers ouvrages que l'on connaît de lui sont une *Vierge assise contre un tronc d'arbre* [2], d'un dessin rudimentaire servi par une pointe timide, et une suite de quatre *Bergères* d'après Bellange, qui, en affaiblissant le dessin du maître, montrent un soin minutieux à imiter son pointillé. Le tourangeau quitta bientôt ses maîtres de province, mais il lui resta quelque temps une teinture de celui-ci : *Myrrha en arbre accouchant d'Adonis* [3], morceau d'éventail daté de

---

[1] De La Quérière ; *Description historique des maisons de Rouen.* Rouen, 1821, in-8º, pag. 127. — *Recherches sur le cuir doré.* Rouen, 1830, in-8º.

[2] La pièce est signée et datée, mais la date mal tracée peut être lue 1618 ou 1622, dans les deux exemplaires que j'ai vus au Cabinet des estampes.

[3] Cette estampe, non citée à l'œuvre de Bosse, est au Cabinet des estampes ; *Mythologie*, XII².

1638, est encore d'un gout bellangisé. A Paris, Bosse se mit à travailler chez son compatriote Vignon, qui ouvrit école en revenant de Rome. Il avait peu de disposition à suivre ce maître dans ses allures fougueuses ; l'infériorité où il tenait les artistes qui travaillent d'une manière croquée, est plus d'une fois exprimé dans ses livres [1] ; mais, en évitant la précipitation de Vignon, il n'échappa point à sa manière et s'en montra fort occupé, même alors que son talent fut entièrement affermi. Lorsqu'il grava les compositions pour les romans de Desmarets, tout en montrant de la finesse et de la couleur comme graveur, il outra la mesquinerie du dessin et des expressions du maître, et contribua, par le soin de son exécution, à le rendre plus nauséabond. Heureusement, la pratique de l'eau-forte le lia avec d'autres artistes ; il vit Mérian, dont il parle dans son Traité des manières de graver et d'après lequel il grava quatre paysages [2] ; il rencontra Callot et Saint Igny ; celui-ci surtout paraît lui avoir donné le coup de fouet. *Le Jardin de la noblesse françoise, dans lequel ce peut cueillir leur manière de vêtement*, A° 1629 ; et *La Noblesse françoise à l'église*, qu'il fit sur les dessins de Saint-Igny, révélèrent les ressources de sa gravure dans un genre dont le pittoresque comporte le soin et le fini. Entre le crayon spirituel du peintre et l'aiguille propre du graveur, l'alliance fut intime ; le tourangeau et le normand se formaient ensemble aux belles manières du monde parisien, et je croirais assez que ces nouveaux gentilshommes firent reculer les gentilshommes lorrains de Callot, aux yeux du public, qui prise toujours davantage la bonne mine que le fond. Le succès enhardit notre graveur ; il composa seul *Les Divers habillements des dames*, *Les Figures au naturel, tant des vêtements que des postures des gardes françaises*, *Les Figures historiques et figures de mode*, 1634. Comparées aux précédentes, ces suites trahissent sans doute de l'infériorité : la pointe, qui n'est plus émoustillée par un dessin hardi, a moins de gentillesse ; l'artiste y fait valoir pourtant son esprit d'observation, son dessin vrai, sa gravure précise ; il avait trouvé sa veine et l'exploita heureusement, tout préoccupé qu'il était, d'un côté par des manies de science, de l'autre par

---

[1] *Sentiments sur la distinction des diverses manières.* Paris, 1649, in-12.

[2] Ils m'ont été indiqués par M. Georges Duplessis, de qui on attend une monographie de Bosse.

les besoins du métier. Il a publié de nombreux volumes et un œuvre gravé de plus de neuf cents numéros, où se trouvent toutes sortes de pièces de commerce : frontispices et vignettes pour les romans et les poèmes, modèles d'éventails et d'écrans, almanachs, enseignes, blasons et planches de topographie.

Bosse avait fait des études sérieuses sur la théorie de son art, et en a écrit pertinemment. Il reconnaissait que Goltzius et Bellange avaient fait agir leurs figures par crampes, détorces et roidissements extraordinaires ; il appréciait le mérite des différents peintres, notamment de Léonard de Vinci, de Raphaël, d'Annibal Carrache et de Poussin ; ses livres ont souvent parlé de ce dernier dans les termes de la plus vive admiration. On trouve même dans le livre où il a résumé ses connaissances et qu'il dédia à l'Académie en 1649, une appréciation bien sentie du petit Bernard ; il avait enfin en théorie une notion très-large de la peinture et même une perception nette de la vérité locale ; c'est ce qu'on voit dans son livre des Sentiments, où il s'explique sur ce point qui paraît fort peu établi dans notre ancienne école [1]. Bosse avait aussi étudié l'antique ; il reconnaissait comme les modèles les plus parfaits, l'Hercule Farnèse et le Commode pour les hommes forts, l'Apollon et le Méléagre pour les jeunes hommes, la Vénus de Médicis, la Flore et la Cléopatre pour les femmes [2]. Il avait dessiné et gravé ces modèles sur des plâtres venus de Rome ou sur des dessins mesurés exactement, et il voulait, comme tant d'autres, établir des canons sur ces mesures. Mais ces efforts ne l'avaient point fait aboutir à une manière qui fût historique ou antique, qui ne fût point celle que la nature et les circonstances lui imposaient. Bosse, praticien consommé, fut enfin entiché de perspective au point d'en perdre les égards dus à l'Académie, qui l'avait admis d'abord comme professeur de perspective, ensuite comme membre honoraire, et qui, pour des raisons qui paraissent bien petites pour être les seules véritables, finit par l'exclure de son sein [3]. A cette occasion, il fatigua de ses livres et de ses

---

[1] *Sentiments sur la distinction des diverses manières.* Paris, 1649, pag. 92 et 93.

[2] *Représentation de diverses figures humaines avec leurs mesures prises de l'antique.* Paris, 1656.

[3] *Mémoires pour servir à l'histoire de l'Académie royale de peinture,* publiés par M. A. de Montaiglon. Paris, Janet, 1853, 2 vol. in-16.

réclamations le public, qui se vengea par une vive épître où le joint était bien trouvé :

> *Appliquez-vous à la boutique*
> *Pour qui Dieu vous fit mécanique* [1].

Sous le règne de l'étiquette, à laquelle les arts s'accommodaient alors, le graveur de modes et de conversations ne pouvait être accueilli comme il l'aurait été en Hollande. Sa place n'était point en effet à l'Académie. Au siècle dernier, Gersaint, en lui trouvant de la facilité, déplorait encore qu'il ne se fût appliqué qu'à des sujets médiocres.

Pour nous, ce que nous ne saurions louer dans l'œuvre de Bosse, ce sont les sujets de théologie et d'histoire ; sa Vierge, son Christ et ses héros, d'une complète insignifiance, ne sont que des rejetons appauvris du père douillet et de la madone du vœu de Louis XIII. On distinguera tout au plus, *La Vierge assise dans un paysage*, encore un modèle de Saint-Igny, dont l'esprit a fort heureusement animé le graveur ; quelques pièces d'après des maîtres sages, Stella, Morin, qui l'ont trouvé guéri de la manière de Vignon, et *L'Annonciation*, d'après Lesueur [2], où il a su rendre par un travail des plus fins la manière délicate de ce maître. Le génie de Bosse est dans les sujets de mœurs, qui nous font connaître par le menu la société des dernières années du règne de Richelieu. La réaction contre les modes espagnoles et flamandes, qui depuis la Ligue s'infiltraient en France, l'édit sur le luxe de 1633, les premières condamnations des Jansénistes, y paraissent sur la scène ; le monde de Paris s'y voit reproduit en un miroir fidèle : assemblées, conversations et bals, affaires et caquets de ménage, usages des noces, galanteries des demoiselles et des garçons, travaux des ateliers, des boutiques et des écoles ; le dessinateur nous conduit à l'infirmerie de l'hôpital de la Charité, à la comédie de l'ostel de Bourgogne, à la galerie du palais et jusque *dans ces lieux où Vénus fait un commerce infâme....* Pour notre plus complète édification, l'artiste émargeait ses estampes de quatrains moraux et

---

[1] L'épître est publiée en entier par M. de Montaiglon, dans le livre que je viens de citer.

[2] Cette estampe, qui n'est point portée à l'œuvre de Bosse, se trouve à la bibliothèque de l'Arsenal.

didactiques dont il était probablement l'auteur, bien qu'on ne l'ait jamais cité au nombre de nos poètes. Sans avoir l'esprit qui court aujourd'hui les rues et les lithographies, ils ont le sel du vieux temps ; voici le quatrain de l'Hiver, qui laissera bien deviner la scène :

> *Monsieur, dit une maîtresse,*
> *Si vous touchez mon tetin,*
> *Je répandrai de la graisse*
> *Sur votre habit de satin.*

Bosse fit des pièces de circonstance plus sérieuses : il releva le placard historique, tombé en de mauvaises mains. On peut voir le perfectionnement que reçut dans ce genre sa propre manière, en comparant *La Levée du siége de Cazal*, en 1629, pièce de l'exécution la plus pauvre, avec les quatre pièces sur *La Naissance du dauphin*, qui sont peut-être ce qu'il a produit de plus accompli, et avec *La Cérémonie du contrat de mariage du roi de Pologne* en 1645, qui offre le tableau de la chambre du roi mineur, enclos et hors de la balustrade, où se rangent à distance de la reine-mère, vis-à-vis de Mazarin et de la fleur des courtisans, Mlle de Longueville et la princesse de Guimené en tête des dames d'honneur. On ne saurait imaginer, en acceptant l'objectivité exigée dans de semblables représentations, rien de plus habile et de plus charmant.

C'est à la cour et à la ville, non dans ses théories, que le dessinateur prit ses types. Veut-il représenter *Les Vierges folles et les vierges sages*, *Les Sept œuvres de miséricorde*, *Les Vertus théologales*, *Les Sens et les Saisons*, il n'a jamais eu devant les yeux qu'une figure de son temps ; voici comment elle est faite : dame de la cour, demoiselle ou bourgeoise, pédante, dévote, marchande ou galante, c'est toujours une personne haute de taille, épaisse de ceinture et sèche, quelles que soient d'ailleurs les dimensions de ses appas. Son plus grand attrait lui vient de sa parure, de sa chevelure à boucles tombantes, de sa guimpe, de ses manchettes de dentelles, de la guipure de sa jupe ; les grands yeux noirs qu'on lui voit ne corrigent point assez ses traits pincés et sa petite bouche, pour en faire un type sympathique. C'est pour cela, je crois, que Bosse a obtenu jusqu'à présent moins d'estime que beaucoup de graveurs qui ne le valent pas. Il dessine bien et grave encore mieux, mais il manque de moelle, de vaghesse et de sevelt, pour me servir d'expressions qu'il a lui-même définies. Ses défauts ne lui sont pas personnels. Louis XIII reconnaissait dans sa nature une sécheresse qu'il tenait de sa mère, ce vice a déteint sur l'art de son règne; Anne sa femme, et Richelieu son ministre n'étaient point faits pour y remédier; les artistes principaux autour d'eux en participèrent. Vouet a de la sécheresse malgré la chaleur de ses tons et la mollesse de ses contours; La Hire aussi, malgré l'élégance de ses formes, et tous les autres, si on les compare aux artistes de la période précédente, dont les défauts furent à l'opposite. Tout sec qu'il est, Bosse n'en a que mieux rendu sinon la beauté, ce mot comporte un idéal qu'il n'eut pas, du moins le caractère de son temps. Voulez-vous voir un salon de précieuses, avec l'ameublement approprié, cheminée à landiers, tapisserie de hautes lices, lit à ruelles, le voilà rendu avec toute la magie de la chambre claire, et pour compléter l'illusion il ne tient qu'à vous d'y trouver aussi la figure la plus illustre de l'hôtel de Rambouillet, Julie d'Angennes, dans toute la recherche de ses atours et toute la pruderie de son maintien, lisant un madrigal de M. de Montausier qu'elle a laissé soupirer quatorze ans. Bosse a tracé d'une précieuse le portrait le plus vrai dans sa généralité; il ne fit pas beaucoup de portraits personnels, la vivacité lui manquait pour y réussir, mais il a saisi la physionomie précieuse et l'habit historique d'une époque caractéristique dans le développement de nos mœurs et de notre littérature : celle de Corneille, de Descartes, de Voiture et de Richelieu, prédécesseurs de Molière, de Racine et de Louis XIV.

Il me reste à dire un mot de sa gravure. Il avait approfondi toutes les ressources du métier; il nous dit lui-même [1] les obligations qu'il eut à Frisius, à Mérian, à Callot, pour la pratique du vernis dur; mais son estime se portait principalement sur les burinistes doués de la plus grande netteté, sur Sadeler, Villamena, Swaneburg; il faisait moins de cas des autres, même des plus grands, Marc Antoine et Carrache, qui avaient traité la gravure en peintres; son but constant fut l'imitation des premiers et la plus grande assimilation de la pointe au burin. Il a réussi jusqu'au

---

[1] *Traité des manières de graver.* Paris, 1645, in-12, pag. 2 et suiv.

point de perdre des qualités inhérentes à l'eau-forte, la liberté, l'humeur,
et d'obtenir des qualités nouvelles, le relief, le lustre et le perspectif à
un degré d'ensemble et d'illusion que la gravure n'avait peut-être pas
encore obtenu dans les sujets qui sont le plus susceptibles de ce genre de
perfection. Il avait la main lente, mais il acquérait toutes ses qualités par
le fini; il arriva ainsi « à une façon tout à fait naïve et si vraye, dit Mariette qui l'a le mieux jugé, que l'on ne peut guère rien désirer de plus
intéressant. »

5. Lorsque je suis les types à la piste, je m'expose à rencontrer des
artistes qui compromettent la gravité de l'histoire de l'art, et, ce qui est
pire, rebutants par la grossièreté de leur manière; JEHAN LEBLOND est de
ce nombre. Il était peintre ordinaire du roi en 1631; Marolles le célèbre
dans son espèce de poésie [1]; mais Mariette, qui donne les notices du
peintre et architecte Jean-Baptiste-Alexandre Leblond, et du graveur
en couleurs Jacques-Christophe, et même du graveur orfévre de
Francfort, Michel, n'a rien dit de Jehan Leblond. Heinecken, qui en
cite d'autres, n'a pas fait plus de cas de celui-ci; ce n'était, en effet,
malgré son titre, qu'un marchand imagier. Il est probablement le père
de Jean Leblond, peintre d'histoire, qui fut reçu à l'Académie en 1681,
né en 1635, à qui les éditeurs de l'*Abécédario* de Mariette rapportent *Deux
exemples des ordres d'architecture*, publiés en 1683. Son talent ne
consiste qu'en un dessin grossissant et un burin tranchant; il a publié
pour la foule, des madones, des cinq sens et des facéties (1629); mais
il est le graveur le plus considérable et le plus en saillie, c'est au propre
que je parle, des appas de mesdames de Guimené, de Montbazon, de Chevreuse. Il traduit par le côté le plus vulgaire, la beauté dont nous avons
vu l'idéal si diversement interprété; et qu'on ne croie pas que ce sont
des figures hypothétiques, comme ferait des beautés d'aujourd'hui tel litho-
graphe d'étalages, M. Numa ou M. Maurin. Leblond faisait ses portraits
d'après le vif, à l'usage de ces dames ou de leurs soupirants, ainsi que

---

[1] *Quesnel intelligent comme l'estoit aussi — le défiant Le Blond. Le livre des peintres et graveurs*,
publié par M. G. Duplessis. Paris, Janet, 1855, pag. 24.

l'attestent les compliments chargés d'encens qui sont écrits en marge : *Madame de Maisonfort, estant certain comme il est, Madame, qu'on ne peut dépeindre au vif les lys ni les roses de votre teint, non plus que les esclairs de vos yeux, j'entreprends avecque peu de raison ce de quoy les plus habiles ne sauraient venir à bout, lorsque parmi des ombrages je m'estudie de faire vostre portrait,....... Jehan Leblond.*

Nous descendrions trop bas si nous voulions rechercher les facéties qui parurent sous la minorité de Louis XIV, on ne peut plus ni les compter ni les citer ; heureusement qu'elles n'ont pas plus de valeur pour l'art que les mazarinades pour les lettres : la plupart sont anonymes ou marquées de noms sans valeur. On peut tout au plus citer PIERRE RICHER, pour ses caricatures contre les Espagnols et même pour la vivacité de sa facture, où il a imité sans gêne la pointe de Bosse. Jacques Lagniet fut l'éditeur le plus intrépide de ces facéties ; *Le Recueil des plus illustres proverbes* ne porte de date qu'en 1657 ; mais dans le nombre considérable et toujours indéterminé des pièces dont il se compose, il en est de fort antérieures et faites dans tous les genres de gravure en vogue depuis trente ans. En 1657 d'ailleurs, la reine Anne qui était si bonne, et le cardinal Mazarin qui était aussi tolérant, gouvernent encore. De l'atelier de Louis Ferdinand, l'un des graveurs les plus agréables que va avoir l'Académie naissante, sortent des pièces de bouffonnerie très-remarquables, dont les journées et les costumes de la Fronde fournissent le sujet, mais je ne puis ici que les indiquer.

6. STEFANO DELLA BELLA naquit à Florence et y fut élevé ; mais il se forma d'abord sur les ouvrages de Callot, créa la plus notable partie de son œuvre à Paris, pendant le séjour de dix ans qu'il y fit dans son plus bel âge, de 1640 à 1650, et s'y impatronisa ; il est donc mieux classé dans l'école française. Ses premiers ouvrages, faits à Florence en 1627, sont comme ceux que gravait Callot d'après Parigi, et rappellent l'estampe que Stella fit pour la solennité de Saint-Jean. Mais le graveur a déjà des façons à lui, des tons légers, des airs gracieux, des figures aux extrémités pesantes. A Rome, où La Belle alla ensuite, il vit les eaux-fortes de quelques élèves des Carraches, Bricci et Guido Reni, la légèreté moelleuse de ce

dernier le séduisit surtout et il l'imita dans son estampe de *Trois Enfants groupés pour supporter un plateau*. La plupart des Vierges qu'on rencontre dans son œuvre sont, d'après le classement qu'en a fait Jombert [1], postérieures à son voyage de Paris ; elles empruntent cependant beaucoup par la douceur de leurs types aux Vierges du Guide. On peut encore consulter, pour prendre une idée des influences que La Belle reçut en Italie, le portrait de Margherita Costa, la poète romaine, la seule femme dont il ait retracé les traits.

Dans le moment où La Belle vint en France, le culte de la Vierge éprouvait une recrudescence mémorable, par l'allusion politique qui naissait de l'assimilation faite dans tous les esprits, entre la Vierge mère de Jésus et la reine nouvellement mère de Louis XIV. J'aurai occasion de revenir sur cet événement, vivement servi par les artistes. La Belle, sans faire de portrait direct, fit lui aussi beaucoup de Vierges et y mit toute son amabilité comme graveur : il était moins inventeur de sujets que dessinateur plein d'observation ; mais pénétré d'études italiennes, il mit dans l'expression de ses vierges une tendresse et un idéal inconnus aux dessinateurs français. Ses figures ne sont pas d'une correction irréprochable : les traits pourraient être plus distingués, les draperies plus adroites ; mais il y a dans les têtes un naturel caressant et dans toute la composition un grattage de pointe doux et chaud qui défie les plus habiles. Un maître graveur nouveau s'y révèle ; il ne ressemble pas plus à Callot, qui est son point de départ, qu'il ne ressemble à Rembrandt, qu'il voulut aussi connaître en allant à Amsterdam. Sur ce point, comme sur bien d'autres, Jombert et Mariette l'ont analysé mieux que je ne saurais le faire ; Mariette surtout l'a parfaitement apprécié lorsqu'il le montre « abandonnant la manière de Callot qui lui paraît trop roide et trop comptée, pour en prendre une plus moelleuse et plus flexible, devenue quelquefois trop lourde et trop confuse à force de travail, mais dans le petit ayant toujours eu plus de légèreté et d'esprit que personne.» Aussi ne fut-il encore qu'un dessinateur et un graveur de modes.

Arrivant à Paris à la suite d'un envoyé de Toscane, La Belle fut bien

---

[1] *Essai d'un catalogue de l'œuvre d'Étienne de La Belle*, par Jombert. Paris, 1771, in-8°.

reçu à la cour; il fut choisi dès 1644 pour dessiner *L'Ouverture du théâtre de la grande salle du palais cardinal*, et les cinq actes de la tragi-comédie de *Mirame*, à laquelle Richelieu lui-même avait mis la main et dont la représentation lui coûta cent mille écus. Les six estampes de l'artiste ont survécu, je crois, aux pompeux alexandrins du cardinal, et la postérité a fait comme l'héroïne de la pièce :

> *Hélas! quand par les yeux je fus ensorcelée,*
> *Mon amour s'attachant à ce visible objet....*

personne ne recherche plus aujourd'hui le bouquin de Desmarets, que pour les figures de La Belle. Il grava aussi *Le Reposoir du Saint Sacrement*, avec la procession à laquelle assistait toute la cour; les décorations et les ballets de *La Finta pazza*, drame représenté sur le théâtre du Petit-Bourbon, devant la reine et le cardinal Mazarin; il dessina et fit graver par Collignon *La Bataille de Rocroy* et *Le Char de triomphe de Louis XIV*, où le roi, âgé de sept ans, est monté sur un char en forme de vaisseau guidé par l'Amour sous la forme de Mars; il composa *Les Jeux des fables*, de la *Géographie*, des *Rois de France* et des *Reines renommées*, pour la plus récréative éducation du roi enfant. Mille sujets rebattus y sont traités avec une gentillesse nouvelle, toute faite pour charmer la cour et la ville. Richelieu venait de mourir : les mœurs tournent maintenant à la légèreté, les caractères se débrident après le règne tendu du cardinal, et se jettent, avec le roi marmot, dans toutes sortes de frivolités. Le nouveau ministre ne porte plus une terrible robe rouge, mais le petit collet, la moustache fine et l'épée ballante; il a les manières joviales et rit tout le premier des caricatures de la Fronde, assuré qu'il est de la faveur de la reine-mère, à qui il a su faire goûter les douceurs d'un amour tardif. Le dessinateur, Italien comme le ministre, d'un caractère aimable et doux, ayant, ainsi que le rapporte Baldinucci, toutes les manières d'une demoiselle bien élevée, venait à point nommé. Mazarin voulut en faire le maître à dessiner du roi, mais il garda son indépendance et habilla les goûts du moment. Les fanfarons de Saint-Igny et les philandres de Bosse sont déjà vieux; voici les muguets de La Belle :

> *Frisques, mignons, poupins et frisotés,*
> *Riches en bas, en canons, en manchettes,*   SARASIN.

Pendant que le professeur de perspective s'escrime encore à prouver que la pointe doit imiter la conduite sage du burin, celui-ci lui montrera qu'elle doit suivre tous ses caprices.

La popularité vint vite à un pareil talent, et ses mécènes ne furent pas pas tous à la cour. Les marchands d'estampes François Langlois, ce bon compagnon des artistes, s'il ne l'a pas été lui-même, Collignon et Israël Henriet, les amis de Callot, et Pierre Mariette, publièrent à l'envi l'un de l'autre ses *Agréables diversités de figures* : c'étaient des mousquetaires, piquiers et canonniers : leur gloire, au lendemain de Rocroy et de Nordlingue, échauffait les têtes et donnait à tous la manie de jouer au soldat; des perspectives, embarquements, voyageurs et paysannes : le graveur y montrait, par le menu, tout ce qu'il avait observé dans ses voyages et émerveillait encore après Callot les Parisiens, en leur donnant *La Perspective du Pont-Neuf*; c'étaient encore des têtes, profils, feuillages et cartouches. La fantaisie du graveur, s'inspirant de tous les raffinements de sa pointe, de tous les frissonnements de son acide, y agrandit le champ de l'ornement, qui paraissait épuisé par les ornemanistes de la renaissance; et véritable inventeur dans ce genre, fait de ses griffonnements un sujet. Cet œuvre présentait enfin des pièces servant à l'art de la portraiture; le dessinateur donnait à sa manière la sanction scolaire et il lui acquérait une autorité que beaucoup de peintres n'obtiendront pas.

Réduite à ces principes, la manière de La Belle ne nous donne qu'une figure petite de formes et de style, spirituelle dans les têtes, mollasse dans le nu et lourde dans les extrémités, ce que l'on a attribué à l'habitude qu'il avait de commencer ses figures par les pieds ; mais sa beauté se révèle par l'amabilité de la pointe. Cette charmante exécution le soutint même dans des sujets d'une portée trop sérieuse pour lui, qui doivent être le souvenir de quelques tristes jours dans sa vie ; il fit sa *Danse macabre :* la Mort, vieille peau émaciée jusqu'à la consistance du squelette, drapée et coiffée d'une loque, emporte à toutes jambes ses victimes, des enfants et de jeunes filles, dans le charnier des Innocents.

La Belle quitta la France en 1651, chassé par les frayeurs de la Fronde, et revint à Florence et à Rome, où la vie lui fut plus tranquille et où il se laissa faire maître à dessiner du duc Côme III, graveur officiel des fêtes de Modène et de Florence. Mais son bon temps était passé ; il ne parut retrouver sa verve qu'en gravant d'une façon plus large qu'il n'avait jamais fait, *Les Temples de Rome* et *Le Vase de Médicis*, devant lequel il se représenta dessinant dans sa jeunesse. Il mourut dans sa chère Italie en 1664 ; mais il n'avait réellement vécu et conquis son immortalité qu'à Paris.

7. L'imitateur le plus exact de La Belle, resté inconnu à Jombert et à Mariette, a été divulgué par M. Robert Dumesnil : c'est le marquis DE SOURCHES, grand-prévost de France. L'œuvre de cet amateur en trente et une pièces, se compose de copies très-ressemblantes des exercices de cavalerie de La Belle, et d'une suite de diverses figures assez vivement composées pour avoir pris place quelquefois dans l'œuvre du maître, avant qu'on n'eût découvert le monogramme tracé en marge.

Les graveurs qui paraissent liés de manière avec La Belle sont, pour ne citer que les eaux-fortistes, Goyran, Collignon et Cochin. Avant lui cependant, ils avaient tous connu Callot, et ils se mirent également à sa suite. CLAUDE GOYRAN serait, au dire de Jombert, celui qui a le mieux imité la touche moelleuse et spirituelle de La Belle. Ce jugement ne doit être accepté qu'avec restriction ; Marolles ne l'a pas non plus fort explicitement jugé, en disant : « Il gravait poliment. » Goyran a gravé des profils d'architecture, des perspectives de bâtiments, des portraits, des copies de Mellan et de Mauperché et quelques pièces d'après des peintres divers, français et italiens ; sa pointe dure acquiert du métier en visant à l'imitation du burin. Il se servit aussi du burin pour renforcer ses travaux, mais en restant toujours pesant et sans originalité. Il était de Sens, il avait été à Rome, et il exerçait sans doute l'architecture. On ne saurait en faire un élève de La Belle ; il fut son contemporain, et travailla de 1627 à 1649 ; mais en traitant les sujets de son temps, *Le Cardinal de Richelieu naviguant en Saône sur le char de Neptune*, emblème de sa charge de surintendant de la navigation et du commerce, et *Le Capitan*, *l'on fait tort à ce capitan de soustenir à son dommage*, il paraît plutôt à la suite de Bosse.

NICOLAS COCHIN, de Troyes, fils d'un peintre sur verre, à ce que rapporte Mariette, vint un peu plus tard et s'efforça de transporter la manière de Callot et de La Belle aux plus grandes compositions connues de la peinture, comme *Les Noces de Cana* de Paul Véronèse, et plusieurs autres scènes évangéliques qu'il disposait dans les grandes ordonnances d'architecture et de paysage de Lahire et de Mauperché ; puis, l'incorrection et la pauvreté d'expression de ses figures nuisant au succès de ces grandes pièces, bien qu'elles ne manquent pas d'effet dans leur exécution minutieuse, il en arriva à faire des pièces petites comme des chatons de bague. Sa pointe, fine et délicate, essaya bien des genres : il réduisit *La Vie de la Vierge*, d'après la suite en bois d'Albert Durer, avec plus de fidélité qu'on n'en pouvait attendre d'un graveur de ce temps ; il grava d'après Rembrandt, alors bien peu connu en France ; il fit des portraits dans la manière pointillée de Morin ; mais souvent aussi il dut se mettre à la disposition des marchands et ne chercha que la promptitude et la propreté suffisantes pour le succès des pièces de dévotion qu'on lui demandait. *La Tentation de saint Antoine dans une grotte rocailleuse*, grande pièce souvent citée, ne mérite l'attention que par sa singularité ; c'est un placard dévot. Deux artistes en coquilles, Henry Peyne et Pierre de Cussy, avaient édifié le monument dans la maison d'un amateur nommé de Rosnel, qui le fit graver et le dédia, avec quatrains et prose alambiquée, à Madame Molé, abbesse de Saint-Antoine-des-Champs. Cochin ne se mit pas seul à cet ouvrage fastidieux, il eut pour collaborateur un JEAN BLANCHIN, graveur fort peu connu, mais qu'on peut citer encore pour quelques portraits, pour des pièces familières et des ouvrages de xylographie.

Les compositions les plus intéressantes de Cochin : *La Procession de la châsse de sainte Geneviève*, 1652, *La Foire de Guibray*, 1658, seront toujours plus recherchées des curieux que des artistes ; mais si l'on regarde ses petites pièces : *La Petite tentation, La Suite de l'enfant prodigue, Le Parterre* formant le frontispice du livre nouveau de fleurs de Baltazar Moncornet, 1645, etc., on y reconnaîtra un dessinateur ferme dans le petit, agréable dans ses parties, qui fut seulement trop gaspillé en ouvrages de pacotille. Le portrait de l'orfèvre Boutemie, qu'il fit de verve, suffirait à prouver sa puissance. C'est une eau-forte des plus vives, malgré le soin avec lequel elle est faite ; elle nous donne dans toute son ingénuité, avec ses rides, ses bourgeons et son poil inculte, la tête d'un vieil artiste, dont le nom était resté aux râpes à tabac, dans la sculpture desquelles il excellait : *L'Eclatant Boutemie, voici l'orfèvre de la gloire......* Dans son ensemble , l'œuvre de Nicolas Cochin le vieux est assez honorable pour qu'il ne méritât pas d'être confondu , comme il l'est dans des ouvrages récents, avec NOEL-ROBERT COCHIN, et même , avec Charles-Nicolas Cochin, père et fils, les deux graveurs de vignettes du siècle dernier, dont la célébrité éclipsa totalement celle de leur devancier.

NOEL ou NATALIS COCHIN, pour en dire un mot ici, a gravé des vues et des plans de bataille, comme Nicolas Cochin ; mais il est surtout connu par les pièces qu'il a exécutées pour le livre de Charlotte Catherine Patin de l'Académie des Ricovrati , d'après des tableaux de Padoue ; elles indiquent un graveur fort inférieur, postérieur de plusieurs années à Nicolas dont il est sans doute le parent. Mariette , qui l'avait bien distingué, estime beaucoup ses dessins de paysages et le dit établi à Venise ; il fut encore suivi d'un Noël-Robert Cochin, peut-être son fils, encore plus mauvais graveur que lui.

XXXIX.

Les graveurs au burin du règne de Louis XIII.

1. La gravure au burin, que nous avons vue sous Henri IV absorbée par le métier de la taille-douce et confinée à l'imitation des Flamands, prit sous Louis XIII un plus grand essor. Le plus vaillant, sinon le plus original de ceux qui opérèrent ce mouvement, fut MICHEL LASNE, de Caen ; il était fils d'un orfévre [1] ; ses plus anciennes estampes, *Le portrait d'Ambroise de Salazar, interprête espagnol du Roi*, signé *M. Asinius* 1617, et des vignettes

---

[1] M. de Chennevières, en publiant des documents précieux et une excellente notice sur Lasne (*Archives de l'art français*, tom. I, pag. 44), a conjecturé qu'il avait appris la gravure dans l'atelier de son père, orfévre à Caen, et que cet artiste a pu graver une pièce que l'on trouve au Cabinet des estampes : *Saint Joseph*, en buste dans un médaillon, tenant un marteau et un lys, signé *Jo. Lasne sculp. excudit.* Mais ce J. ou J.-E. Lasne est connu par quelques autres pièces exécutées à Toulouse en 1622, dans la même manière raide, sèche et polie. Il aurait sa petite place parmi les graveurs des écoles de province, si on l'entreprenait.

de livres qu'on peut reporter avant 1620, le montrent travaillant d'une manière minutieuse et sèche, en rapport avec celle de Léonard Gaultier à sa seconde manière. Mariette constatait la présence de Lasne à Anvers en 1617 et en 1620 ; la manière de graver sèche et carrée qu'il avait alors, lui semblait indiquer le disciple de Théodore Galle, ou plutôt de Pierre de Jode. Nous voyons en effet Lasne graver à Anvers, en 1620, le *Frontispice du commentaire de Nonnius sur des médailles de Goltzius*, représentant Rome couronnée par la victoire, sur un stylobate environné de trophées et de captifs et signé *P. P. Rubens pinx. M. Asinius sculp.* La taille en est carrée mais large et ouverte, comparativement à celle qu'il avait auparavant. Elle n'est point sans analogie avec celle de Pierre de Jode le vieux, l'un des premiers qui gravèrent Rubens sans appartenir à son école. Est-ce par l'entremise de ce Flamand revenu d'Italie à Paris, ou directement que Lasne connut les estampes de Villamena? On ne sait ; mais il est certain que plusieurs de ses estampes, datées de 1624, montrent de l'analogie avec ce maître. Lasne était revenu à Paris dès 1621, et il y prit bientôt une position. En 1633, il était dessinateur et graveur en taille-douce du roi, logé au Louvre ; plus tard, la reine-mère et le cardinal le décorèrent de la chaîne d'or [1].

Les allures libres d'un dessinateur original et d'un eau-fortiste lui faisant défaut, Lasne se mit volontiers à la suite des peintres et les traduisit avec beaucoup de force et d'intelligence ; il leur donna par son dessin aussi bien que par sa gravure, une solidité et une carrure qui ne leur nuisaient pas : il corrigea la fadeur de Vouet et de Lahire ; il resserra l'exubérance de Rubens ; il comprit la sévérité et l'élévation de Lesueur. On peut croire, d'après ses traductions, qu'il n'y avait guère que des peintres contemporains dans le beau cabinet de tableaux qu'il s'était fait et dont nous parle M. de la Brethonière ; les Flamands devaient y côtoyer les Français, les Italiens y étaient représentés peut-être par un Carrache et un Josepin. Je ne le suivrai pas dans les nombreuses estampes qu'il a produites d'après tous ces peintres, dans ces chefs-d'œuvre de burin, qui faisaient dire à Joubert entre autres sottises, qu'il était le premier qui se fût distingué par un

---

[1] *Archives*, tom. III, pag. 268.

beau burin. Considéré comme traducteur, Lasne est seulement trop appesanti, trop endurci dans l'exercice de son outil et trop dominé par le métal de sa planche. Si l'on veut connaître sa sève, elle est plutôt visible dans les beaux frontispices dessinés pour des in-folio qui sont allés moisir dans les bibliothèques ecclésiastiques, et dans quelques pièces où il ne cherchait pas le suffrage des amateurs de la taille-douce. Je me rappelle une grande estampe de dévotion représentant Jésus debout et de face, les bras ouverts, devant un paysage animé d'une figure d'ange traversant un ruisseau, de deux petits groupes d'anges dans le lointain et d'un cerf, avec cette légende : *Iste Deus meus et glorificabo eum.* Elle m'a paru, dans sa franchise et dans sa simplicité, plus belle que toutes les autres

Lasne a gravé quelques pièces dans la manière bien connue de Mellan; mais l'assertion de Huet, qu'il fut le premier inventeur de la méthode de graver sans hachures, n'est pas plus vraie pour cela. Bien que ces pièces ne portent pas de date, elles paraissent postérieures à celles de Mellan ; elles ne sont d'ailleurs qu'un accident dans son œuvre et plus péniblement faites que les pièces où il garde ses façons naturelles. Il tire toujours mieux parti de ses contre-tailles savantes, même dans les ouvrages qui ne sont qu'esquissés.

Lasne propagea dans les académies de dessin, des éléments où la tournure fade donnée par Vouet aux types italiens, était corrigée par le robuste naturalisme de Rubens. Les livres qu'en publia Honervogt devaient être préférés par le commun des apprentis, aux éléments de Saint-Igny ou de tout autre original. Ils leur offraient des modèles relevés en bosse par un système de hachures propres, régulières, suffisamment pittoresques et qui semblaient mettre les difficultés de l'art à la portée de tous. Comparés aux principes de Jean Cousin, qui déjà depuis soixante ans se vendaient chez Leclerc, ils montraient le mouvement suivi par l'école française : moins de génie et de savoir au fond, plus d'agrément à la surface, les membres se mouvant aisément, les expressions plus petitement rendues dans leur variété. Le public dut croire qu'il s'était fait un grand progrès ; il n'apercevait pas la routine déjà prononcée, et les mesquines affectations de force et de style qui s'attachaient à ces pratiques. Dans cette occurrence, toutefois, Lasne montrait l'aptitude et la souplesse de l'école française à se prêter à tous les mouvements. Il déployait, dans les principes comme dans les compositions achevées, les plus belles qualités du burin : la fermeté, le modelé, la puissance de ton.

Il tira le plus grand parti de ces qualités dans le portrait. Atténuant la dureté de Léonard Gaultier, il donna à ses têtes une consistance et un reflet inconnus aux anciens portraitistes français. La reine-mère et le dauphin dominent dans sa galerie ; il en a fait des portraits officiels et des figures allégoriques : alors que tant d'autres nous traduisent Anne d'Autriche en Vierge, il nous la fait en Junon et en Minerve. Beaucoup d'autres personnages, Richelieu, Mazarin, la duchesse de Montpensier, Duperron, ne seront jamais mieux connus que par les traits qu'il en a gravés, le plus souvent sur ses propres dessins et d'après le vif; les défauts mêmes de son burin semblent avoir servi à mieux rendre certains côtés de la physionomie des personnages, en exprimant la raideur du caractère et la vanité du rang. Le graveur a gardé toute l'aménité dont son outil était capable, pour *Le Portrait de Vouet*, qu'il donna à Callot en 1627, et pour celui de *Jabach*, qu'il grava d'après Vandyck. Il fit aussi avec amour le portrait de Gaston, frère du roi, en lui laissant sa jovialité, son œil ouvert, sa bouche lippue et tous ses airs spirituels et malins.

Disons, pour achever de signaler le talent de Lasne, que s'il appartient par le sérieux de sa gravure aux genres élevés, il fut lié par son humeur aux graveurs de sujets familiers et de modes. Homme de régal, il ne dédaigna point les margotons, les joueurs, les fumeurs de petun, et il fit bon nombre de pièces qui devaient lui ménager un meilleur accueil dans le conseil de vauriennerie que dans les salons de Tendre. Ici encore, il se met souvent à la suite de quelque dessinateur plus égrillard que lui, Rabel ou Saint-Igny ; mais son burin montre de l'aisance et de l'expression ; on le voit s'assouplir vis-à-vis des eaux-fortistes, qui s'efforcent au contraire de se raidir, et atteindre aussi bien qu'eux la finesse et la légèreté qui fait primer dans de tels sujets. La plus charmante de ces pièces familières est celle qui représente *Un Peintre assis devant son chevalet en train d'esquisser un amour*. Bosse avait dessiné ainsi le portrait de son ami ; et sur ce dessin, qui faisait valoir sa bonne mine dans un négligé élégant, Lasne s'était gravé avec complaisance, souriant en même temps à son art et à sa belle :

> *C'est à bon droit que ma peinture*
> *Ne représente que l'amour,*
> *Puisque dans le cœur nuit et jour,*
> *Je ressens sa douce pointure.*

La curiosité vous pousse-t-elle jusqu'à vouloir connaître quel était l'objet d'une si profonde passion ! Vous le trouverez, je pense, dans une autre pièce de Lasne, entre deux joueurs de brelan, faisant l'œil à l'un et aidant l'autre à tricher, en lui montrant, dans un miroir, le jeu de son partenaire : *Il ne faut point d'enchanterie.....* C'est une normande blonde et pommée ; mais ce n'est point sans doute Madeleine de Martigny, que notre graveur épousa plus tard ; celle-ci dut le ranger à de meilleures habitudes et lui inspirer des œuvres plus sérieuses.

2. A côté de Lasne, parut le buriniste le plus original de l'école française, génie modeste, qu'elle peut mettre en parallèle avec les plus fiers dans la gravure. CLAUDE MELLAN, d'Abbeville, faisait dès 1620 des frontispices, des vignettes et des portraits secs et polis, dans le goût des imprimeurs de taille-douce. La plus ancienne pièce citée de lui est un petit *Saint Bruno* daté de 1620 [1] ; un portrait du premier président Verdun à 57 ans, est peut être antérieur. Il paraît lié en 1622 avec le Polonais Le Grain ou Ziarnko, sur les dessins duquel il grava le portrait de Louis d'Orléans et une petite pièce de sainteté. Ces estampes, bien que faites avec une précision assez facile, laissent peu deviner l'artiste qui va suivre.

En 1624, il avait gagné Rome et s'était lié avec Vouet ; mais dessinateur très-fin pour sa part, peintre même et surtout graveur de profession, il étudia selon ses sentiments ; les seuls peintres romains d'après lesquels il grava quelque chose, furent Antonio da Pomerana et Pietro da Cortona, qui

---

[1] *Catalogue* de Florent Lecomte, pag. 6. Ce Catalogue est curieux comme le plus ancien, mais on verra que la division qu'établissait l'auteur en deux époques, la première à double taille, la seconde à taille simple, ne saurait être admise. *Cabinet d'architecture*, 1699, tom. II, pag. 357.

faisaient alors prévaloir au palais Barberini, un goût superficiel et brillant. Quant aux graveurs, il parut sympathique principalement à Villamena, dont la manière à la fois élégante, épargnée et sentimentale, laissa des traces dans ses ouvrages. Le portrait qu'il fit de la femme de Vouet en 1626, et les estampes qu'il publia alors d'après ce maître, ne nous donnent pas la manière du peintre que nous connaissons, mais plus exactement la traduction française, c'est-à-dire dégagée et spirituelle, du maître graveur d'Assise. Mellan se montra bientôt, à Rome même, inventeur et graveur des plus originaux. *Les Filles de Loth*, 1629; *La Madeleine, Saint Pierre Nolasque*, estampe de sa composition; *Le Portrait d'Urbain VIII*, et *David étoffuant un lion*, d'après Bernin, révélèrent son secret : l'élégance mise au travail le plus difficile, la chaleur unie aux soins les plus délicats et les plus réservés. Le buriniste savait déjà tirer le plus grand parti des tailles parallèles et renflées, bien qu'il ne s'y assujettît pas exclusivement comme il fit plus tard. Ce procédé avait été déjà employé à Rome dans quelques estampes de Villamena, et à Cento dans celles de Pasqualini. Les graveurs travaillant sur le vernis dur avaient aussi de leur côté obtenu de leur pointe un effet de traits et de hachures analogue ; les deux modes de gravure au burin et à l'eau-forte se faisaient ainsi des emprunts réciproques. Mellan mit le sceau à la gravure parallèle.

Avant de revenir à Paris [1], il fit quelque séjour à Aix, où l'attira Peiresc, son mécène depuis 1622; mais cette excursion en Provence ne prend date, dans la carrière de l'artiste, que par les deux portraits piquants de Peiresc et de Gassendi, 1637 ; dès l'année suivante, il était établi à Paris. Le style sage de dessin qu'il s'était fait le préserva des manières régnantes, et il aurait peu réussi sans la nouveauté et la singularité de son procédé de gravure. Les frontispices des livres pieux, les portraits et bientôt les thèses et les compositions religieuses et mythologiques, parurent rajeunies par cette manœuvre merveilleuse. L'engouement poussa le graveur jusqu'à exécuter *La Sainte face* (1649) de grandeur naturelle, toute dessinée et ombrée par l'artifice d'une taille unique partant du bout du nez. Les ba-

---

[1] Voyez, pour tous les détails biographiques, la notice et les documents publiés par M. de Montaiglon, *Archives de l'art français*, tom. I, pag. 264, et tom. II, pag. 235.

dauds de Paris admirèrent ; Goltzius et Muller se trouvaient dépassés dans leurs tours de force ; heureusement ce ne fut qu'un jeu pour l'artiste, il garda sa manière sans excès et en fit valoir toutes les ressources pittoresques ; elle lui donnait les moyens de corriger ce que le burin a de trop compté, d'obtenir facilement des effets difficiles même aux eaux-fortistes, la douceur des contours, le velouté des tons, et d'atteindre quelquefois à la couleur la plus chaude, comme dans l'estampe d'*Éliézer et Rébecca*, d'après Tintoret ; elle lui permettait enfin de publier des ouvrages au burin qui avaient la promptitude et la légèreté des esquisses.

Mellan a gravé le plus souvent sur ses propres dessins, et il était si bon dessinateur que, lorsqu'il grava en 1644 , d'après Poussin, les frontispices de la Bible et du Virgile du Louvre[1], cet excellent peintre parut rendu avec une grandeur et une simplicité qu'aucun autre graveur ne pouvait alors lui donner. Mais pour apprécier tout ce que notre graveur eut de style, il ne faut pas tant le chercher dans les grandes estampes regardées comme ses chefs-d'œuvre, parce qu'elles sont les plus finies, que dans les figures allégoriques de son invention, dont il a décoré les thèses dédiées à Richelieu et à Mazarin, ou dans les emblèmes apposés à de plus modestes publications. Les types y gardent une grandeur d'autant plus louable qu'elle s'allie à la simplicité dans le dessin et au calme dans l'expression. Ses Vierges, prises originairement sur des modèles italiens, gardent aussi un autre idéal que les Vierges du vœu de Louis XIII. Les lignes y sont petites mais douces et tranquilles, et dérivent, il semble, des traits de Maria Vaiani florentine, et de Madalena Corvini romaine, deux femmes artistes avec lesquelles il s'était lié à Rome. Mellan aimait l'ampleur et le poids dans les draperies ; il a fait peu de sujets nus. Son dessin y apportait pourtant de la pureté ; mais il tenait, par la sévérité de son talent, au parti le plus austère de son temps. Nul n'a mieux rendu le profil aigu, la joue pâle et les yeux rougis du grand cardinal. Son burin avait des grâces d'état pour représenter les

---

[1] Poussin parle deux fois de ces gravures dans sa correspondance ; *Recueil de Jay*, pag. 347, et *Collection de Lettres* ; Paris, 1824, pag. 51. L'éditeur de ce dernier livre n'a pas même écrit correctement le nom de Mellan.

capucins alors mis en vogue par le père Joseph, ce bras droit du ministre, qu'on appelait l'éminence grise, pour fournir des Saintes Thérèses et des Mmes de Chantal aux couvents des Carmélites et de la Visitation, où les belles intrigantes de la Fronde allèrent ensuite éteindre leur passion mondaine. Il donna aux saints personnages une macération que les Flamands ni les Italiens n'avaient pas. Il s'éleva ainsi à des figures du Christ et de la Vierge, les plus pénétrantes dans le sentiment chrétien tel que l'avait inculqué en France le règne de Richelieu.

Mellan prolongea sa carrière jusqu'en 1688 sans être de l'Académie, bien digne en effet, comme Poussin, de ne point y entrer. Cependant il se signala longtemps encore par des estampes à réputation et ne voulut pas quitter son pays pour les offres du roi d'Angleterre. Il était l'homme de la génération précédente ; son œuvre, après 1650, malgré l'intérêt que peut présenter l'entier parcours d'un talent si perfectionné, n'ajouterait pas un trait de plus au génie dont j'ai présenté le développement et la maturité.

3. Il n'est pas dans la destinée des burinistes d'un métier trop achevé, de susciter des artistes vaillants. Ceux qui parurent autour de Lasne et autour de Mellan, ne servirent qu'à montrer le défaut d'inspiration qui gagna désormais l'art du graveur.

CHARLES DAVID, de Paris, débuta par des vignettes dans le goût de Gaultier, pour s'élever à la gravure carrée et régulière ; il grava successivement d'après Rabel, Frans Floris, Vouet et Philippe de Champaigne ; il imita Villamena et Bloémaert, et ces diverses traductions n'accusèrent ni une manière personnelle, ni aucune fidélité à celle de ses modèles. Il fit les honneurs du burin français à des pièces familières d'Italie et de Hollande, qui s'en seraient bien passées ; ces pièces venaient, avec l'habit propre qu'il savait leur donner, faire concurrence aux facéties françaises. Il exécuta enfin quelques portraits, parmi lesquels est la figure recommandable aux amateurs du célèbre marchand d'estampes Langlois, d'après Vignon, dans le costume d'un joueur de sourdeline. Mais de sa valeur on ne peut rien dire, sinon qu'il sert de satellite à Michel Lasne ; il publia chez Firens un *Livre de portraiture* qui n'est qu'une imitation délayée et étendue d'exemples italiens et flamands.

JÉRÔME DAVID, son frère puîné, dessinateur et graveur moins correct, accusa davantage la manière de ses modèles, principalement dans leurs défauts. Son burin eut de la finesse et de l'expression, mais il manqua aussi de valeur personnelle et s'attacha à divers maîtres français et italiens qui ne gagnaient pas à ses traductions. Sa plus grande force est dans des portraits; ce sont, pour ne citer que les chefs de file : *La Reine Anne à cheval*, *Le Cardinal de Richelieu*, *Gaston de France*.

NICOLAS VIENNOT s'appliqua aux difficultés du burin, et fit peu de chose dans divers sujets. Sujets dévots : *La Vierge présentant le sein à l'enfant Jésus qui préfère la croix, hinc fæcunda licet mihipræbeat ubera mater, — et niveo latos porrigat imbre sinus; Samson et Dalila* d'après Mellan. Portraits : *Henri IV, Marie de Médicis, Le Maréchal de La Force.* Sujets familiers : *Le Pauvre Peintre* d'après A. Both, *que te sert de crier, je fais ce que je puis — mon art est excellent mais il n'a point la vogue.....; Le Musicien, ma flute a des accords si doux...* Il voulut, dans ses estampes, montrer de la finesse et de la force ; il chercha même la couleur, mais la froideur et la dureté du métal le paralysèrent. Il est tombé dans les oubliettes que Marolles a ouvertes à tant d'artistes. Nous y laisserons d'autres méchants graveurs, comme Moncornet, Ragot et Van Lochon, qui firent de la taille-douce après Lasne.

JEAN LENFANT, d'Abbeville, est donné par Florent Lecomte pour un disciple de Claude Mellan et un peintre au pastel; il grava d'après plusieurs peintres, et varia tant qu'il put sa manière. Parmi les pièces qu'il fit dans ses commencements, avant 1550, et dans le genre de Mellan, je trouve à citer *Santa Maria major, 1647. Io. Lenfant sculp.*, plusieurs autres Saintes à la même date, et les Épitaphes inventées par le sieur Blasset d'Amiens. *La Salutation angélique* d'après le peintre brodeur Nicolas de La Fage, montre le graveur entraîné déjà par Lasne; il en suivit depuis bien d'autres. La seule pièce que je citerai pour l'honneur du maître, sans être sûr qu'elle appartienne à son premier temps, est une eau-forte légendée de trois quatrains assez gais : *Deux hommes se battant en duel au pied d'un tertre et d'une ruine antique, où un troisième joue de la viole;*

pièce ronde signée *Lenfant fe et exc.* Elle est spirituellement traitée dans le goût de Guaspre.

On peut placer ici, pour faire nombre, NICOLAS REGNESSON, EDMOND MOREAU, de Reims, GABRIEL LADAME. Le premier peut être distingué entre les graveurs qui essayèrent la manière de Mellan ; il était de Reims, et maître de Nanteuil, qui à 17 ans épousa sa sœur. Il se rapprocha quelquefois de Mellan, au moins pour la douceur du mécanisme, et dans de petites pièces, comme le frontispice du *Barbon* de Balzac, 1648, le portrait de *La Duchesse de Longueville* et *Les Vignettes du Grand Cyrus,* Regnesson ne s'astreignit pas plus que Lenfant à la taille parallèle, et suivit le torrent. Mellan ne fit pas autrement école.

4. GRÉGOIRE HURET, de Lyon, fit concurrence à Mellan pour la gravure des conclusions et des pièces de piété ; il y apportait une manière plus pauvre de style mais plus ouvragée et plus colorée, qui réussit davantage, puisqu'elle le mena, vieux, à l'Académie où il fut reçu en 1663 [1]. Ses premières estampes avaient été faites à Lyon en 1622 [2]. Il paraît alors avoir travaillé sous la direction de Pierre Fabre, maître lyonnais, en train d'inaugurer la taille-douce la plus assujettie au métier, dans les planches de *L'Entrée du roy Louis XIII.* En 1626 et 1631, il y gravait encore des frontispices empreints de sécheresse, mais pourvus déjà d'habitudes acquises : de petits yeux, des expressions mignotées, de riches soieries et de belles ordonnances d'architecture. Il était dessinateur fait quand il vint à Paris, et ne s'enrôla point sous Vouet, mais grava le plus souvent ses propres compositions. Il paya tribut à l'école par la petitesse de ses expressions, mais son goût de province perce dans la pauvreté de ses attitudes, qui contrastent avec la richesse de ses accessoires. Mariette a très-justement apprécié la simplicité de son dessin, la piété de ses expressions, la coloration et la souplesse de sa gravure ; quand il lui reproche ensuite d'être trop ouvragé et toujours

---

[1] Il le mérita sans doute par la suite allégorique qu'il composa pour l'*Histoire des guerres civiles de France* de Davila, trad. par Baudouin.

[2] La collaboration de Huret aux planches de l'Entrée du roy en 1622, infirme la date de 1610, indiquée comme celle de sa naissance dans les registres de l'Académie.

du même travail, il indique précisément la manière du graveur. Cette manière est du métier le plus riche et le plus harmonieux, elle est soyeuse; ce ne sont pas les Lyonnais qui la lui reprocheront. Le burin de Huret sera honoré pour avoir su s'inspirer au sein des fabriques de Lyon; aussi leur recommanderai-je les taffetas façonnés, les velours frisés, les moires et les sans-nuances de ses estampes, plutôt que les scènes qu'il a faites de *La Passion*. Tout le monde d'ailleurs avait fait des Passions, mais personne encore n'avait gravé des étoffes comme Huret. Toutes les saintes du paradis qu'il voulut figurer durent à ces étoffes leur principale beauté; il en para noblement et avec plus d'à-propos Anne d'Autriche et le dauphin.

5. La gravure au burin a pour effet, en se perfectionnant, d'effacer la personnalité du graveur; les manières les plus fortement trempées resistent seules à l'action niveleuse de ce rude métier. En voici un, PIERRE DARET de Cazeneuve, qui cultiva la peinture, à ce que nous dit Mariette, et qui dessinait bien, mais qui se laissa trop absorber. Il donna les bénéfices de la taille-douce à des maîtres qui n'avaient encore été servis que par l'eau-forte. Blanchard paraît avoir été son principal maître; il le traduisit avec une faveur suffisante, mais il n'en resta pas là. Il grava aussi Vouet, Sarrazin et même Lesueur, dont son burin monotone ne rehausse pas le style. En traduisant quelques compositions italiennes, il montra bientôt les qualités acquises de son dessin. Cette habileté paraît déjà dans une pièce de sa composition, la plus anciennement datée qu'on connaisse de lui : *Charlotte des Ursins vicomtesse d'Ochy offrant à la Vierge ses homélies*, 1634; mais elle y paraît déjà desséchée par le maniement du burin. Il devint plus tard buriniste plus facile et dessinateur très-correct, ce qui lui valut d'être reçu de l'Académie en 1678. Il m'a semblé qu'on pouvait le regarder comme le graveur du *Livre de portraiture de Io François Barbier excellent peintre italien*, publié en deux suites par Pierre Mariette, en 1642 et 1643. La manière du Guerchin n'y est prise que comme enseigne; les classes françaises la tenaient alors pour ce qu'il y avait de plus avancé.

La suite la plus intéressante de son œuvre au point de vue historique,

est celle des portraits contemporains publiés séparément ou dans le recueil intitulé : *Tableaux historiques où sont gravés en taille-douce les illustres français et étrangers de l'un et l'autre sexe* (Paris, Moncornet 1652,
2 vol. in-4°). Pour les beautés officielles et les tenues d'étiquette , le burin
de Daret avait la netteté requise, et sa sécheresse n'y nuisait pas ; pourvu
toutefois qu'on ne compare pas ses portraits avec ceux de Nanteuil , qui
débutait alors et montrait un des miracles faciles au génie : les qualités de
la gravure la plus moelleuse et la plus souple dans   des figures d'apparat,
gravées avec le soin le plus exquis.

6. Sébastien Vouillemont , dont Marolles nous dit quelque chose :
Vouillemont chez Rabel fist son apprentissage...., est certainement antérieur à la date que lui donnent les auteurs modernes [1]. Ses premiers
ouvrages datés, *Le Sauveur et les apôtres*, d'après Raphaël, *Rº in. Seb.
Vouillemont fecit et exc.* 1636, indiquent, par la pureté de leur dessin
et leur manière serrée, un graveur déjà exercé dans le goût italien. Les
pièces familières et facétieuses qu'il a composées sous l'influence de son
maître Daniel Rabel , doivent être antérieures , du moins en partie. On y
remarque *La Diseuse de bonne aventure , je ne veux plus estre importune,*
et un *Portrait de Gaston duc d'Orléans.* Vouillemont était en 1637 à
Florence, où il grava *Le Portrait de la duchesse Victoria della Rovere,*
ouvrage plein d'accent et de couleur, et bientôt après il alla à Rome. Les
ouvrages de Raphaël, qui l'attirèrent d'abord , déterminèrent chez lui une
manière exempte d'affectation , mais ne lui donnèrent pas le nerf qui lui
manquait. Plus heureux avec les ouvrages de Guide, il atteignit dans
ses expressions une douceur qui n'est point sans charme. Il se rapprocha
certainement de Poussin, qui était à Rome en même temps que lui, et
grava sur son dessin une *Figure allégorique* pour les œuvres d'Urbain VIII;
mais il n'eut pas la force nécessaire pour participer à la manière de ce
grand peintre. Il dut ensuite revenir à Paris , où il dispersa son talent
dans des traductions de peintres médiocres et même dans quelques compositions de son invention, sans jamais atteindre à l'originalité. Sa gra-

---

[1] Huber le fait naître en 1622, Zani en 1623.

vure, quant au métier, eut beaucoup d'aisance et se rapprocha de celle
de Cornelis Bloémaert. Bloémaert avait la prééminence à Rome dans le
maniement du burin quand Vouillemont y arriva, c'est de lui qu'il dut
prendre les leçons que Daniel Rabel n'avait pu lui donner à Paris.

XL.

Les graveurs de Philippe de Champaigne et de Poussin.

1. Philippe de Champaigne, venu en France dans le même temps que
Rubens et du même pays, comme pour neutraliser par l'austérité de ses
types les nudités du Luxembourg, n'avait pu peindre au Palais-cardinal,
aux Carmélites et à Port-Royal, tant de figures réelles mais contristées,
sans susciter des reproducteurs. JEAN MORIN, son élève, prit pour graver
ses portraits aussi bien que ses grandes compositions, un mode de points
à l'eau-forte uniformément employés dans les chairs, où il obtenait la
douceur des tons unie à la régularité, et des travaux de pointe mêlés et
serrés, qui donnaient beaucoup de corps à la gravure sans la refroidir. Ces
procédés n'étaient point nouveaux. Van Dyck en avait donné l'exemple
dans ses portraits ; les eaux-fortistes avant Rembrandt en usaient aussi ;
Van Plattenberg ou Plate Montagne, beau-frère de Morin, les appliquait
à la gravure des paysages, et Morin lui-même les appliqua aux paysages
de Fouquier, le maître de Philippe de Champaigne.

L'école française, dans la personne de Morin, s'empara de ces éléments
flamands et les systématisa pour avancer et varier la gravure dans le genre
des portraits. Le caractère positif que les artistes des Pays-Bas donnaient à
leurs têtes, convenait toujours mieux à son tempérament, que l'idéal affectionné par les artistes ultramontains. L'un et l'autre aspect sont dans la
nature, cela est certain, et l'on en a aujourd'hui une vérification miraculeuse donnée par la lumière qui nous livre, par le même procédé chimique,
tantôt des têtes à la Denner, tantôt des physionomies à la Tintoret. Mais la
France s'accommode plus volontiers de raison que d'exaltation. Les portraits
de Morin venant après ceux de Lasne, en restant dans ces conditions,
montraient une expression humaine et une exécution nourrie dont le mérite

fut vivement senti ; le graveur réagissait par sa facture molle, contre le burin métallique de ses prédécesseurs, et par ses airs sévères contre toutes les figures mondaines des graveurs de mode ; il était d'ailleurs un besoin du moment. Anne d'Autriche était reine régente à quarante-deux ans, et nul ne la grava dans un goût plus propre à faire ressortir le riche embonpoint et la gravité de son âge mûr. La manière de Morin ne réussit pas moins à rendre les figures des premiers solitaires de Port-Royal : *L'Abbé de Saint-Cyran*, qu'il a répété trois fois, *Arnauld d'Andilly*, *Jansénius*, respirent ici dans la rude solidité de leur caractère. Morin mit beaucoup d'autres portraits dans son œuvre et traduisit quelques peintres divers ; sans se départir de sa manière, il en trahit souvent les défauts, la tristesse et la monotonie.

Morin ne fut pas inventeur, si ce n'est dans le paysage. Ses sujets religieux empruntèrent toujours les compositions de Philippe de Champaigne. Sous ce directeur, il fut le graveur janséniste par excellence : expressif mais austère, réel mais sans expansion. Par on ne sait quel accord imprévu, son outil trouva des manœuvres à l'opposite de celles des graveurs jésuites. Il ne se permit pas plus que son maître une figure profane. *La Vierge ravie au ciel*, *La Madeleine*, donnent des figures toutes mornes, malgré la plénitude de leurs types. En représentant même les enfants dans ces formes heureuses que Duquesnoy avait consacrées, Morin ne voulut pas exprimer la gaîté ; aussi, quand il fallut graver *La Sainte face*, trouva-t-il toute l'expression conforme au type du maître : des traits qui s'écartent autant du père douillet que du Jupiter tonnant, sans dramatique, sans faiblesse, mais aussi sans passion.

Jean Alix, que l'on connaissait déjà par un vers de Marolles qui le dit de Moulins et par une note de Basan qui le fait naître à Paris en 1615 et étudier chez Philippe de Champaigne, a été heureusement rapproché de Jean Morin par M. Robert Dumesnil. Cet auteur a décrit six pièces d'Alix traitées exactement dans la même manière que Morin ; on y remarque une *Vierge à la grappe*, une *Sainte face* et un *Portrait de l'Abbé de Saint-Cyran*, qui reproduisent les types que je viens de faire connaître, en les adoucissant et en les rapetissant.

On peut trouver encore un élève de Morin dans François Campion, le plus ancien des graveurs de ce nom, qui a fait quelques suites pieuses, des portraits et un *Christ en buste* dédié à Jean Aubry, chanoine de Saint-Nicolas-des-Champs et signé François Compoin, que l'on avait attribué à un autre artiste à cause de l'irrégularité de la signature.

Mais le graveur le plus recommandable qui soit sorti de cette école est SAMUEL BERNARD, le père du célèbre traitant. Mariette le dit élève de Vouet et de Du Guernier; je ne sais si les miniatures qu'il peignait témoignent de ces accointances, mais ses estampes ne portent pas de traces de la manière de Vouet. Je ne veux rappeler ici que celles qu'il fit d'après Philippe de Champaigne, Le Guide, La Belle, et qui sont traitées dans la manière qui procède de Morin, avec plus de force et plus d'effet. Il fut l'auteur de bons portraits, mais non un inventeur; il prolongea sa carrière fort au-delà de 1647, date inscrite sur une de ses pièces. On trouvera tous les détails qui manquent ici, dans la bonne notice de M. Robert Dumesnil. La liste de son œuvre n'est point complète sans doute; mais ce qu'on regrette le plus de n'y pas trouver, c'est l'indication des estampes de circonstance qui parurent chez Pierre Ferdinand et qu'on peut croire gravées par Samuel Bernard ou par Louis Ferdinand : *Le Retour de Gonesse*, *Le Parnasse ridicule de la place Maubert*; on y voit le perfectionnement que pouvaient amener dans les placards, des artistes doués comme ceux-ci d'une pointe large et facile; mais l'Académie, aux antichambres de laquelle ils se tenaient alors, réprouvait ces sujets bas.

2. JEAN BOULANGER, de Troyes, a été aussi rangé au nombre des imitateurs de Jean Morin. Il est vrai qu'il appliqua le pointillé au burin plus systématiquement qu'on ne l'avait fait avant lui, et qu'il a principalement composé son œuvre d'estampes religieuses et de portraits. Mariette semble même lui faire honneur de la nouveauté du procédé de pointillé; il est plus exact en disant que ce graveur se bornait à la pratique de la gravure. Boulanger n'a eu ni maître affectionné ni manière autre que la banalité à laquelle il réduisit les peintres de son temps, depuis Vouet jusqu'à Lebrun, et qu'il étendit aux italiens de toutes les époques. Dans ces conditions, qui furent celles de beaucoup de burinistes du même temps, le graveur subit les types en vogue et les transporta dans ses traductions italiennes

et flamandes, comme dans toutes ses images édifiantes. Parmi celles-ci, deux figures capitales de Jésus-Christ et de Louis XIV dans l'âge d'adolescence, qu'on trouve répétées sans différence essentielle par plusieurs autres graveurs contemporains, mettent sur la voie d'observations curieuses pour l'histoire des types.

En l'an 1638, le ciel avait accordé miraculeusement un fils à Louis XIII; beaucoup de peintres et de graveurs admis à faire le portrait de la reine Anne d'Autriche et de son nouveau-né, avaient eu la flatterie de les assimiler à la Vierge et à son fils. Philippe de Champaigne, Simon François et d'autres en avaient fait des tableaux; Bosse, Lasne, Mellan en firent des gravures originales que suivirent une foule de graveurs subalternes. Le Dauphin et l'enfant Jésus sont d'abord tous deux au maillot, puis ils grandissent ensemble; dans une estampe de Lasne, en 1643, *La Reine présentant son fils à Jésus assis sur son trône, qui lui remet un cierge*, l'enfant Jésus est un peu plus grand; mais dans l'estampe de Mellan, *Le Dépot de la Régence du Royaume de France faiste par la reine-mère régente entre les mains de la reine de paix mère de Dieu*, les deux enfants sont absolument du même âge et tous deux en manteau royal. En 1648, lorsque le roi a dix ans et que nos graveurs lui donnent les traits de la puberté, on voit se produire une figure de Jésus adolescent, dont l'œil vif, la joue arrondie et la chevelure en boucles ondoyantes, sont l'image immédiate du type royal. Daret, Boulanger, Lenfant, ont ainsi fait des Louis XIV et des Jésus qui ne diffèrent que par le costume; le modèle en est resté depuis dans l'imagerie religieuse. Mais le rapprochement s'arrêta là. Louis XIV, qui se contentait à dix ans de la comparaison avec Jésus-Christ, en voulut bientôt d'autres. Nos graveurs le firent alors en jeune héros, à pied et à cheval, montrant sa belle tournure et son air conquérant; il devint ensuite, comme on sait, un Apollon, un Jupiter, et chargea sa tête de la perruque consacrée. Les artistes ne manquèrent pas pour représenter ces changements dans un type, l'objet de l'adoration de tous; mais ils ne s'opérèrent qu'au sein de l'Académie royale, et je n'ai point à m'occuper de leur déplorable influence. Le grand peintre dont il me reste à parler, avait pris ailleurs ses inspirations.

3. Parmi les Français venus à Rome sous Urbain VIII, plusieurs s'attachèrent si passionnément à ce sol toujours favorable aux inspirations et aux études, par sa nature, ses antiques et ses tableaux, qu'ils y perdirent de vue leur pays, ne conservant en eux que ce signe de race et ce sentiment intime qui ne se perd jamais. Nicolas Poussin, des Andelys, fut le plus grand de tous; il fit pour les écoles du XVIIe siècle, corrompues dès leur berceau pour ainsi dire, ce que les Carrache avaient fait pour les écoles du XVIe à leur déclin. Au milieu d'une multitude de peintres qui avaient épuisé le côté matériel de l'art, la facilité du dessin et le prestige de la couleur, il professait que la beauté est en tout éloignée de la matière des corps et ne se montre dans un sujet que lorsque l'artiste a su en préparer les éléments, qui sont l'ordre, le mode et la forme [1]. Comment il entendait et appliquait sa réforme, je n'ai point à le dire ici; mais je devais en indiquer la hauteur théorique avant de chercher son influence sur le dessin et la gravure des artistes qui se tinrent le plus près de lui. Poussin, génie rude et indépendant, ne prit jamais le soin de fonder une école; il ne voulut point demeurer en France, où il lui aurait fallu devenir un véritable strapazzone [2]. Ses traducteurs l'occupèrent fort peu; mais il n'en eut pas moins à Paris, et surtout à Rome, une grande autorité sur un groupe assez nombreux de peintres et de graveurs.

Nous avons d'abord des gravures qui furent faites auprès de lui et publiées par JEAN DUGHET, son beau-frère. D'une famille française, établie depuis longtemps à Rome dans le commerce des estampes, qui avait eu la bonne fortune d'accueillir Poussin à son arrivée, Jean Dughet fut, avec son frère Guaspre, l'ami fidèle du grand peintre et son humble disciple, employé souvent pour lui à la copie de recettes et de mesures. Nous savons aussi par un document qu'il hérita de son atelier. Douze ans après la mort de Poussin, Dughet proposa à l'abbé Nicaise l'acquisition de ses papiers, de ses dessins, et de ses estampes au nombre de treize cents,

---

[1] *Recueil de Jay*, pag. 401. Ces mots font partie d'extraits dont on a contesté l'authenticité; mais on peut voir les paroles de Poussin lui-même : *Pour ce qui est de la matière, elle doit être noble et qui n'ait reçu aucune qualité de l'ouvrier.* Lettre à M. de Chambray, du 6 mars 1665; *Collection*, pag. 346.

[2] Lettre à M. de Chantelou, du 20 sept. 1641; *Collection*, pag. 64.

parmi lesquelles il énumérait *Marco Antonio*, *Agostino Venetiano*, *Carracci*, *Alberto*, *Giulio Romano*, *Polidoro*, *Tiziano et altri* [1]. L'excellent annotateur de ce document s'afflige de l'exploitation ainsi faite de l'héritage de Poussin; mais quel que fût le culte de Dughet pour la mémoire de son beau-frère, il fallait bien qu'il vécût; il était marchand, et en plaçant en bonnes mains les papiers du peintre, il prenait encore soin de sa réputation. Le peu de talent qu'il eut comme graveur ne pouvait lui valoir grand profit. Il publia, avec dédicaces à divers personnages, les gravures de quelques compositions capitales de Poussin : *Le Jugement de Salomon*, *Le Repos en Égypte*, *L'Assomption de la Vierge*, *Le Temps protégeant la vérité*, *La Danse des Heures*; ce sont des ouvrages qui ne flattent pas leurs modèles, mais qui ne les refroidissent pas par le métier du burin; ils accusent, même par leurs négligences, la manière du maître, ils font juger la statuaire de son dessin et la rudesse savante de ses formes, sinon la sublimité de ses expressions, par leur faire large et leur burin gras. Les estampes de Dughet purent enfin, aussi bien que celles de Del Po, servir d'indication à Pesne.

Jean Pesne, qui avait le génie de la gravure, comprit mieux que tous celle qui pouvait convenir à Poussin ; il le saisit dans sa force et dans son âme et trouva, avec le burin, le grain le plus approprié à la touche de son pinceau. Je n'ai point à suivre ici la vie de ce graveur, qui se lie à l'histoire des grands burinistes du XVIIe siècle à sa seconde période ; il suffit d'avoir indiqué son point de départ et sa perfection en accord avec celle du maître. *Le Portrait de Poussin*, *Le Livre de portraiture*, *Le Ravissement de saint Paul*, et les autres feuilles du graveur, qui craignait, disait-il dans ses dédicaces à M. de Chantelou, de n'avoir pas réussi dans le dessein qu'il avait eu d'imiter cette peinture inimitable, vivront aussi longtemps que les toiles du peintre. Le temps, qui les emportera un jour les unes et les autres, semble aujourd'hui avoir apporté une harmonie de plus entre elles, lorsqu'il a infligé aux couleurs du Poussin, des craquelages et des noircissures qui les rapprochent des effets de burin de Pesne.

---

[1] *Archives*, tom. 1. pag. 7.

Beaucoup d'autres burinistes, des plus habiles dans leur métier, traduisirent Poussin mais sans le comprendre. C'est à l'un deux que M. de Chambray s'adressa lorsqu'il voulut reproduire les figures humaines que Poussin lui avait dessinées pour la traduction du Traité de peinture de Léonard de Vinci [1]. Réné Lochon les grava très-proprement; mais c'est à lui comme aux autres que s'adressent les reproches de Poussin lorsqu'il accusa Poilly de l'avoir gravé *senza garbo* [2]. Pour mesurer la distance qui séparait ces jolis graveurs de Paris, des fortes études où se retrempaient les dessinateurs de l'école de Poussin, il n'y a qu'à considérer les paysages de Gaspare Dughet, dit Gaspre Poussin. Ce ne sont que des eaux-fortes faites au plus vite, avec de rares figures, mais la nature y est saisie corps à corps et l'on peut dire en les voyant ce qu'on disait des tableaux : Gaspre a gravé le vent et la tempête.

Ceux qui aimeraient à ne rien négliger des premières traces laissées dans la gravure par l'influence de Poussin, attacheront encore du prix à quelques essais anonymes exempts du moins de la froideur académique, *La Présentation au Temple*, eau-forte de peu d'effet, mais dans l'expression du maître; et deux pièces sur bois, *Hercule et Antée*, *Académie d'homme regardant derrière lui*. On trouve ces pièces réunies à l'œuvre de Poussin dans l'exemplaire du Cabinet des estampes, primitivement formé par Mariette ; elles ont de l'analogie avec les bois faits d'après Stella.

Une estampe au burin du même œuvre, *L'Adoration des rois*, rendant très-durement quelque chose du style poussinesque, porte la signature Avice : ce graveur, qu'on dit de Poitiers, est qualifié par Heinecken du titre d'amateur, parce qu'il dessina par ordre de Louis XIV, avec le titre de chevalier Avice, *La Cérémonie du sacre fait à Reims en* 1654, gravée en trois planches par Lepautre. On lit *H. Avice In et sc.* sur le frontispice du livre de Le Laboureur, *Les Tombeaux des personnes illustres*, 1642, que le graveur composa avec trois figures, une Victoire, le Temps et une Renommée, disposées au milieu de toutes sortes de monuments funéraires. La pièce est gravée pesamment, et quoique d'un style assez

---

[1] *Traité de lu peinture de Léonard de Vinci.* Paris , 1651 , in-folio.
[2] *Lettre à M. de Chantelou* , du 26 décemb. 1655; *Collection*, pag. 383 et 361.

sérieux, indique peu un élève de Poussin. C'est pourtant au même que Florent Le Comte et Heinecken attribuent encore une pièce anonyme assez connue, *Jeu de cinq enfants au coin d'un bois*, qui passe quelquefois pour une eau-forte de Poussin lui-même et que M. Robert Dumesnil a décrite sous ce nom, en émettant le soupçon d'une attribution au comte de Caylus. L'adroit graveur antiquaire se plaisait en effet aux pastiches, mais ce morceau est bien du XVIIᵉ siècle. Comme il en existe deux gravures différentes, dont l'une est plus arrêtée et plus appesantie, on peut plutôt attribuer au chevalier Avice cette dernière, qui n'a point été décrite dans le Peintre-graveur français.

4. JACQUES STELLA, de Lyon, d'une famille d'origine flamande, commença par aller à Florence ; il y grava en 1621, l'année même où Callot quitta cette ville, *L'Offerta di tributi*, cérémonie de l'offrande des étoffes de soie, des vases d'argent et des cierges au duc de Toscane le jour de saint Jean-Baptiste. Cette estampe était assez bien faite pour ne pas laisser trop regretter au nouveau duc le dessinateur de Cosme II. L'imitation de sa manière y était inévitable, mais la gravure n'en est pas moins franche, exempte également de plagiat et de chic ; les qualités naturelles de Stella parurent avec plus de liberté encore dans une estampe, *Les Petits baladins*, qui doit être du même temps. Une pièce qu'il fit à Rome en 1623, *Saint George à cheval* combattant le dragon, accuse encore l'imitation de Tempesta. Mais l'artiste prit bientôt d'autres directions ; il se lia avec Poussin ; quoiqu'il eût infiniment moins de portée dans l'esprit et moins de force dans la main, il suivit aussi la voie de Dominiquin, et plus correct, plus instruit qu'inventif, puisa dans ces bons principes une certaine élévation. Peintre travaillant beaucoup pour les églises, graveur sans vocation marquée, il était de plus expert de tableaux et marchand de curiosités. Félibien ne le dit pas dans sa biographie détaillée, craignant sans doute par là de le compromettre ; mais nous l'apprenons par sa correspondance avec Langlois [1]. Cette position explique ce qu'il y eut toujours de timide et d'emprunté dans son talent.

---

[1] *Recueil* de Jay, pag. 307.

Le Christ descendu de la croix, eau-forte traitée dans la manière la plus large de Guide, avec plus de lourdeur, est un bon spécimen de son dessin sage et de ses expressions tranquilles. On n'a décrit à l'œuvre de Stella que cinq pièces, comme les seules qui puissent lui être attribuées avec certitude; mais il faut y ajouter, pour prendre une idée suffisante de sa valeur, des eaux-fortes et des burins anonymes de madones et de sujets pieux faits d'après ses dessins et peut-être dans son atelier. Il faut surtout considérer les belles compositions de sujets évangéliques, qui sont signées de son nom et de son étoile. Félibien, qui ne parle d'aucune gravure de la main de Stella, les dit gravées par PAUL MAUPIN, d'Abbeville. Il est probable en effet qu'elles ont été taillées sur le bois et imprimées en camaïeu par cet artiste, bien qu'on n'en ait aucune autre notion; mais il est certain qu'elles reproduisent de la manière la plus simple et la plus large le style de Stella. Paul Maupin est encore nommé comme graveur en bois et en camaïeu par Papillon, qui cite de lui une vue de Rome. On sait qu'il était en 1621 à Rome, où il grava sur bois, avec dédicace au cardinal Borghese, *Deux Gueux* de Callot; ils sont signés *Paulus Maupinus Romæ* 1621.

A Paris, où il revint en 1634, Stella ne sut pas toujours se garantir de la fadeur et de la vulgarité qui étaient de mode; Émeric David a remarqué que son tableau de Clélie au Louvre a été fait à l'occasion du roman de mademoiselle de Scudéri [1]; il n'en réussit sans doute que mieux. Beaucoup de graveurs travaillèrent sur ses tableaux et ses dessins; on publia même des principes de dessin sur ses modèles [2]; mais ces traductions compromirent encore les qualités modestes du peintre, en les rapetissant, en les soumettant à cette facture de métier qui servait uniformément pour tous les maîtres. Heureusement pour son nom, il avait élevé dans l'exercice de la peinture et de la gravure, un neveu et deux nièces. L'une d'elles, CLAUDIA BOUZONNET, qui, à sa mort, arrivée en 1657, eut sa survivance au Louvre, avait pris de lui de bonnes leçons et appliqua aux compositions de Stella et de Poussin des qualités viriles et magistrales, qui la firent une des gloires de la gravure française.

---

[1] *Notices historiques.* Paris, Charpentier, 1854; in-12, pag. 270.
[2] *Mesure et proportion du corps humain inventé par I. Stella*, 1657.

Les autres graveurs qui purent se trouver dans l'école de Stella ne le servirent pas aussi bien. Un M. VISSELET a signé de son nom ou de ses initiales quarante-trois pièces de sujets religieux, d'apôtres et de saints, qui ont été pour la première fois décrites par M. Robert Dumesnil ; il les dit gravées à grands traits de burin, d'un faire large mais d'un si mauvais choix et d'une si parcimonieuse variété de travaux, qu'elles ressemblent aux tailles de bois des camaïeux de Stella, dont elles sont visiblement la reproduction. Il n'en excepte que trois : *Le Sauveur*, *Saint Charles Borromée* et *Saint Philippe de Néri*, qui ne lui paraissent pas du même goût, et *Saint Étienne*, qu'il croit faite d'après Vouet.

5. Félibien nomme REMY VUIBERT, de Troyes, parmi les élèves de Vouet ; mais on ne voit dans son œuvre, composé d'une trentaine de pièces, aucune estampe d'après ce peintre ; les plus anciennes, datées de Rome en 1635, furent faites d'après les peintures de Raphaël au Vatican. Le dessin en est sage, mais sans aucune intelligence du maître et rapetisse singulièrement son style ; le travail de la pointe, assez gras, présente de l'analogie avec celui de Perrier, ainsi que l'a fait remarquer M. Robert Dumesnil, mais il est moins coloré et plus léger. Vuibert fut plus à l'aise en gravant les compositions de Dominiquin et de Guide ; sans s'élever, sa manière y prit plus de liberté et de facilité, mais il pécha toujours par deux côtés essentiels, l'expression et l'effet. L'estampe de *Saint Michel* d'après le Guide, datée de Rome 1636, que n'a pas décrite M. Robert Dumesnil dans l'œuvre en vingt-neuf pièces qu'il a donné, montre également plus de soin que de verve. La plupart de ces estampes furent publiées à Paris, où Vuibert paraît être revenu dès 1639. Il y grava cette année-là et la suivante ses deux pièces originales, *Le Miracle de saint Paul à Éphèse* et *La Présentation au temple* ; elles témoignaient, du moins par la modestie du style, que l'artiste n'avait aucun penchant à figurer parmi les strapassons, et il y a de l'injustice à le comparer à Scalberge. Vuibert avait certainement suivi Poussin à Rome, non comme disciple, car on sait que le peintre ne permettait pas facilement l'accès de son atelier ; mais au choix des modèles qu'il prit, Raphaël et Dominiquin, on peut reconnaître les conseils qu'il avait reçus. Ses plus belles pièces sont celles qu'il fit d'après Dominiquin,

et Scalberge n'a de commun avec lui que d'avoir aussi gravé quelques ouvrages de ce maître. En 1643, il donna d'après Poussin *L'Ensevelissement du Christ*. Poussin avait quitté Paris à la fin de l'année précédente, et dans la lettre qu'il écrivit à M. de Chantelou le 1er janvier 1643, il parle des lettres qu'il venait d'écrire à M. Remy Vuibert ; ces lettres ne nous ont pas été conservées.

6. OLIVIER DOFIN ou *Dauphin, Delphinus*, serait lorrain suivant quelques autorités, mais le fait n'est point établi ; il a été confondu souvent avec le chevalier Charles Dauphin, élève de Vouet, peintre établi à Turin, et gravé par Tourneyser. M. Robert Dumesnil affirme qu'il était le père de celui-ci, le seul dont parlent Félibien et Mariette. Hëinecken dit que Olivier Dofin s'était établi à Bologne. Nous ne le connaissons que comme graveur à l'eau-forte, travaillant en Italie, à Modène probablement, et y publiant des estampes d'après les Carrache et d'après un peintre français, Jean Boulanger, de Troyes, qui travailla pour la cour de Modène et ouvrit un atelier dans cette ville. M. Robert Dumesnil en a décrit sept ; en voici une huitième donnant plus exactement les noms du graveur et du peintre qui fut sans doute son maître. *L'Embarquement :* deux guerriers armés de lances emmènent un enfant qui pleure, vers un bâtiment en plage qu'approvisionnent d'eau des hommes et des femmes vêtus à l'antique ; pièce ovale en travers (larg. 310 millim., haut. 220 millim.) marquée : *J. Boulanger pinxit et Ol. Dauphin sculp.;* elle est peu faite et pâle d'effet, mais pittoresque. Olivier Dauphin dessinait savamment et donnait du style à ses figures ; son travail de pointe, toujours pittoresque, a dans les pièces les plus finies du ton et du moelleux ; il n'est pas sans analogie avec celui de Jean Leclerc de Nancy. Il se peut qu'on apprenne quelque chose sur son origine, mais il est certain qu'il tient aux Français qui s'inoculèrent la manière italienne du XVIIe siècle.

7. SIMON FRANÇOIS, de Tours, revenu en 1638 de Rome, avait eu de la reine la commande d'un tableau qui devait la représenter en Vierge avec le dauphin en petit Jésus, comme faisaient alors tous les artistes qui voulaient réussir ; ce tableau, par suite d'une intrigue de cour, mit le

peintre en disgrâce ; malgré d'autres commandes de Richelieu et la faveur de M. de Noyers, il vécut absolument retiré dans les pratiques d'une extrême dévotion, ne peignant plus que pour quelques personnes pieuses et pour les églises[1]. L'artiste fut ainsi préservé des manières en vogue, et conserva plus étroitement les principes puisés en Italie ; nous en jugeons par ses estampes. La première, *Saint François*, fut faite à Rome en 1636[2] ; les deux autres, *Madeleine* et *Saint Sébastien*, marquées de son monogramme, mais sans date, sont probablement d'une époque plus avancée ; elles sont aussi remarquables par la pureté du dessin que par le calme de l'expression ; la dernière est un chef-d'œuvre de modelé et de sentiment. On a nommé le Guide comme le seul maître que François ait connu en Italie, mais ce n'est pas de lui qu'il prit des leçons à Rome ; sa force tranquille indique qu'il puisait aux mêmes sources que Poussin, sinon dans l'étude des statues antiques, du moins dans la recherche de l'idéal religieux de Dominiquin. De tous les graveurs qui exploitèrent l'école française, Jean Couvay et Nicolas Pitau, lui prirent seuls cinq ou six pièces.

8. SIMON GUILLAIN, fils de ce Simon Guillain qu'on gratifie du titre de restaurateur de la sculpture française, envoyé par son père à Rome, pour y étudier sous le sculpteur Alessandro Algardi, s'adonna à la gravure. Les études qu'il publia d'après Annibal Carrache, la suite de *La Vie de saint Diégo* indiquent la solidité de ses études et leur bonne direction. Il rappelle dans ses traductions le style de ce peintre, que Poussin plaçait immédiatement après Raphaël ; sa pointe sage et courte manque de vivacité et de personnalité, même dans les compositions qui en demandaient le plus, comme *Les Cris de Bologne*, 1646 ; néanmoins elles ne sont pas dépourvues de trait. Guillain mourut jeune, à ce que nous dit Mariette ; il

---

[1] Les notices de Mariette et de M. Robert Dumesnil ne sauraient tenir lieu de la relation de Félibien , d'où elles sont extraites et d'où j'extrais aussi ces détails. *Entretiens*, in-4°, pag. 533.

[2] *S. François inv. f. Romæ*, 1636 ; elle est restée inconnue à M. Robert Dumesnil , et fait partie de la collection de M. de Baudicourt.

ne remplit pas une carrière d'artiste et son nom même fut entièrement absorbé par celui de son père.

Nicolas Mignard, de Troyes, dit d'Avignon parce qu'il y avait travaillé en quittant sa ville natale, s'y était rendu amoureux d'une fille du pays, s'était marié à son retour de Rome et avait résidé là avant de devenir célèbre à Paris et membre de l'Académie. Des neuf estampes connues de lui, huit sont faites à Rome ou à Avignon, d'après Annibal Carrache, et paraissent des études à l'eau-forte ; quelques-unes pourtant, comme *Hercule entre le Vice et la Vertu*, datée d'Avignon 1637, sont tout à fait terminées et dénotent une grande force de dessin et une grande intelligence de la pointe. Personne à cette date, même en Italie, ne gravait ave plus de maîtrise ; Perrier, même avant qu'il ne fût gâté par Vouet, travaillait plus petitement. Dans *Le Triomphe de Bacchus*, Mignard donnait l'exemple de ces eaux-fortes à peine ombrées, mais fougueuses, où un autre artiste de province, La Fage, de Toulouse, s'illustrera plus tard ; mais à dater du jour où notre Avignonnais eut fait le portrait du cardinal Mazarin, une autre gloire l'attendait et il fut perdu pour la gravure originale.

Pierre Mignard *le Romain*, son frère, qui avait étudié à Bourges chez Bouchier et qui était resté vingt ans à Rome, d'où lui vint son nom, grava aussi une estampe : *Sainte Scolastique agenouillée devant la Vierge qui lui tend l'enfant Jésus*. Sans être d'un grand style, cette composition a du naturel ; la pointe, un peu forte et trop uniforme, obéit cependant avec adresse au sentiment du peintre. C'est à lui que Poussin reprochait de faire des têtes froides et fardées, sans force ni vigueur ; il protestait pourtant à sa façon contre les types de Vouet. Toutes ces études romaines triomphèrent bientôt de la manière que Poussin n'avait pas pu détrôner.

On ne saurait séparer des Mignard, Jacques Belly, de Chartres, qui publia à Rome, en 1641, *La Galerie Farnèse* d'Annibal Carrache en trente-deux pièces ; il est petit de dessin, puéril dans les expressions, et ne manque pas de ton, dans sa gravure minutieuse et empâtée. C'est assez pour qu'on ne le confonde pas, comme a fait Félibien, avec la nombreuse phalange des élèves de Vouet. Mariette, qui ne trouve dans cette suite ni esprit ni dessin, dit qu'il était de retour en 1642. On n'en parle pas depuis ; il se sera fait oublier dans sa province : combien d'autres y devraient être recherchés.

9. **Dominique Barrière**, de Marseille , a composé une grande partie de ses estampes après 1650 , il était plus habile à rendre les perspectives des villas romaines que les compositions historiques ; le plus fin de son talent est encore dans les petites vues de marine dont il avait pris le goût dans son pays ; mais un long séjour à Rome, où il était dès 1640 , l'étude des statues antiques qu'il rencontrait dans les villas, et sans doute aussi la connaissance de Poussin , le firent participer au mouvement opéré par ce grand peintre. Les petites figures sont mal disposées dans ses compositions , mais ses statues, bien que faiblement modelées , uniformément posées de face , ont plus de correction que celles de Perrier et atteignent à l'ampleur et quelquefois à la fierté. Il grava plusieurs compositions de Dominiquin et *Le Sacrement de la pénitence* de Poussin ; sa pointe, ramassée et sachant exprimer avec peu , rend , quoique avec lenteur, une portion du style de ces maîtres.

La province avait souvent échappé à l'imitation des manières régnantes à Paris ; le Midi, en particulier, reçut plus directement l'influence des maîtres de l'école de Bologne alors dominante à Rome. Aix en Provence, terre chérie des arts depuis le temps du roi Réné, où avait flouri au XV° et au XVI° siècles, sur la trace de Van Eyck , une école de peinture dont l'histoire reste à faire, avait recueilli de Flandre, au XVII° siècle, des peintres remarquables dont la vie et les œuvres ont été racontées [1] ; mais ces Flamands n'étaient venus en Provence qu'en passant par l'Italie. **Jean Daret**, de Bruxelles , arrivé d'Italie à Aix en 1638, s'y maria et y vécut trente ans, enrichissant les églises et les autels d'une multitude de tableaux qui ont été décrits avec tout le soin et tout l'esprit désirables par M. de Chennevières. Il a laissé quelques eaux-fortes, où paraît bien cette calme et solide douceur que son biographe signale comme la marque la plus claire de son génie. *Les Hyérogliphiques des vertus théologales et cardinales , inventées et gravées par Jean Daret , peintre, pour preuves d'eau-fort , à Aix en Provence , 1658*, dédiées à sa sœur, mademoiselle Marguerite Daret , forment une suite de neuf enfants portant divers attributs, de formes un peu épaisses , mais d'un dessein charmant dans sa

---

[1] *Recherches sur la vie et les ouvrages des peintres provinciaux ;* tom. I, 1847 , in-8°.

mollesse, et d'une pointe ferme et moelleuse. M. Robert Dumesnil, qui les
a décrits, les rapproche pour le goût du dessin des ouvrages de Guide.
On n'y trouve pas cependant la légèreté de pointe et la vivacité pittoresque
du maître italien; ils ont, quant au type, gardé quelque chose de flamand. Je conjecturerais que Daret avait reçu des leçons de Philippe de
Champaigne, qui était comme lui de Bruxelles, et qu'il avait connu en
Italie Duquesnoy, si célèbre par la manière dont il sculptait les enfants;
il les rend toutefois avec une distinction que n'avaient pas eue Picou,
Scalberge, et les autres graveurs que nous avons vus se signaler précédemment par des sujets semblables.

Mais Jean Daret a gravé d'autres pièces bien faites pour accroître la part
d'estime due au dessinateur et au graveur. *Saint Pierre en buste*, *Joan
Daret, In Pinx et Sculps.*, 1639; ce n'est qu'une petite pièce de dévotion,
mais elle est expressive, pleine de finesse et de correction. *Sacrifice à
Diane* : une multitude d'amours apportent des fagots et des animaux de
chasse sur un bûcher placé autour de la statue de la déesse; on voit en
haut Apollon sur son char, et en bas un écusson armorié soutenu par
Minerve et Neptune; la pièce, grand in-folio, est signée : *Joan Daret fecit
Ano* 1642[1]; elle est d'un dessin mou, mais traitée d'une pointe large et
légère. On pourrait peut-être trouver encore quelques petits ouvrages de
cette facture, mais je ne saurais la reconnaître dans une pièce qui lui
est quelquefois attribuée: *Diane délivrant un jeune chasseur qu'un satyre
a lié à un arbre.* La marque D qu'on y trouve, indique sans doute le
nom du peintre Dominiquin, et le travail assez pauvre peut appartenir
plutôt à Scalberge. Si Jean Daret n'a pas laissé un œuvre plus nombreux,
c'est que la gravure n'eut point alors à Aix de mécène. Notre eau-
fortiste était mort depuis plus de vingt ans quand Boyer d'Éguilles vint
graver et faire graver, avec les ressources d'un grand seigneur, les tableaux
de son cabinet; mais alors on demandait à l'art les plus grands efforts
de coloris pour atteindre à l'effet des peintures. Après y avoir essayé les

---

[1] On la trouve au Cabinet des estampes : *Thèses et pièces d'Italie*; c'est le sujet de thèse que
M. Robert Dumesnil n'avait pas rencontré, et qui est indiqué par Heinecken, avec une autre
pièce, *Loth et ses filles* d'après Rubens, que je n'ai jamais vue.

manières noires de Sébastien Barras, il fallut Coelemans, un des plus
chauds burinistes de l'école d'Anvers. La gravure, chargée de tout cet éclat
d'emprunt, nous laisse regretter, à Aix comme partout, la touche sobre
et sentie des dessinateurs originaux.

Présentons en résumé les faits généraux qui dominent la période où
nous venons de suivre, pendant quatre-vingts ans, des groupes serrés
d'artistes, dans les cinq pays entretenant, au milieu de nombreuses rela-
tions, leurs cinq écoles capitales.

Les Italiens font des efforts extrêmes pour trouver des voies nouvelles
dans un champ où le génie de leurs devanciers semble n'avoir rien laissé
à inventer, et ils n'aboutissent qu'à montrer dans leur dessin l'échafau-
dage de ces efforts. Entraînés d'abord par la réaction dirigée contre la
renaissance, ils se livrent à toutes sortes de pratiques, où le but élevé de
l'art va s'oblitérant; revenus ensuite aux anciens errements et retrempés
une seconde fois dans l'étude de la nature, ils prennent des moyens plus
larges, bien qu'ils ne soient encore que pratiques. Aidés par le perfectionnement matériel qui s'est opéré dans la manœuvre de l'outil, par la conduite plus symétrique du burin et l'emploi plus intelligent de l'eau-forte,
ils répandent une méthode générale plus correcte et plus régulière ; ils
parviennent à fonder comme un siècle d'argent après le siècle d'or qui
vient d'expirer. Augustin Carrache a pris la place de Marc-Antoine,
Tempesta celle de Parmesan. Les écoles locales, ne se distinguant plus que
par quelques traits de race, se sont mêlées et ont abouti à un éclectisme
où les étrangers eux-mêmes ont apporté une large part. En résultat, par
le succès général de l'école de Bologne, dans laquelle se résume tout le
XVIIe siècle italien, des types de beauté se sont encore produits, qui satis-
faisaient dans une mesure si raisonnable au convenu, qu'ils ont pu faire
oublier les types précédents, et s'installer en modèles dans les académies
où leur étude a tenu lieu désormais d'inspiration et d'observation. L'Italie,
malgré quelques efforts partiels, ne s'est jamais relevée de cet état.

Les Allemands, qui luttèrent obstinément sur quelques points pour la réforme, persévérèrent plus longtemps dans les habitudes de la renaissance. A Francfort et à Nuremberg, il y eut encore des Petits-maîtres et des graveurs sur bois, mais ils ne surent, pas mieux qu'en Italie, se préserver des exagérations et des minuties, et dépensèrent le plus vif de leur génie dans la gravure d'ornementation. Les guerres civiles et religieuses amenèrent vite d'ailleurs la décadence. Les graveurs allemands participent incomplètement aux perfectionnements du burin et de la pointe; ils ne paraissent avec fécondité que dans des localités isolées : à Augsbourg, pour les ouvrages au burin ; en Suisse, pour les ouvrages à l'eau-forte. Deux ou trois noms à peine dépassent le niveau de la médiocrité : un artiste prolixe, Mérian ; un dessinateur singulier, Baüer ; un graveur de génie, Hollar; encore la patrie les rejette-t-elle, car l'art y expire au milieu de la guerre de Trente ans.

Les Flamands, séparés maintenant des Hollandais et sous la domination espagnole, poussent le métier de la gravure au burin à une perfection qui ne sait point éviter l'uniformité ; ils consacrent dans les ateliers d'Anvers les types et la manière la plus conforme à l'esthétique dévote et jésuite. En s'expatriant, la famille des Sadeler amène cette gravure à un éclectisme qui n'est point de doctrine comme celui des Carrache, mais pour ainsi dire mécanique, et par lequel les peintres de tous les pays sont également traduits. Dans cet état précaire, la nature flamande a fait une nouvelle émersion ; des graveurs à l'eau-forte se sont produits, pour représenter les paysages et toutes les physionomies des kermesses. Bientôt, sous l'influence de Rubens, en qui semble revivre et briller d'un éclat nouveau la puissance des plus grands artistes de l'époque précédente, la gravure parvient à exprimer des tons et des effets qui jusqu'alors étaient restés hors de son domaine. C'est au milieu de cet éclat cependant qu'elle a perdu de plus en plus l'esprit d'initiative; toute la couleur de Bolswert et de Vosterman ne saurait dissimuler ce symptôme de déchéance.

Les Hollandais, qui eurent le bonheur de maintenir leur liberté religieuse et de fonder leur république, virent aussi fructifier chez eux les principes de la renaissance. Sans dépasser la portée de leur génie dans les arts, et en procédant terre à terre, ils développèrent leur originalité au moment où toute originalité s'effaçait dans les autres pays. Goltzius, Bloémaert, tout en acceptant les données classiques, gardèrent un goût national et maintinrent la complète indépendance du burin. Des maîtres primesautiers parurent aussi dans la représentation des mœurs et des costumes, et, dans leurs manières variées de pointe, surent mettre un cossu, un reluisant, un curieux pris au vif de leur caractère. La fécondité de l'art fut telle en Hollande, qu'elle put prêter des graveurs à tout pays, à la Flandre, à la France, et jusqu'à l'Italie ; son originalité fut si profonde, qu'elle n'eut plus rien à regretter des arts étrangers. Ces descendants des gueux, en restant dans leur nature, sans rien renier de leurs basses inclinations, s'élevèrent aux plus hautes qualités de l'art et méritèrent à leur pays le titre de l'Italie du nord. Rembrandt, aussi splendide dans la gravure que dans la peinture, exprima avec ses types vulgaires tous les sentiments évangéliques, en même temps qu'il saisit dans les pratiques de sa pointe les effets les plus magiques de la lumière. Van Ostade produisit dans des errements plus modestes, les vulgarités et les pratiques expressives de l'école. Leurs modèles, toujours imités et leurs raretés toujours courues, sont restés les classiques de l'eau-forte.

Les Français, toujours persuadés de la pauvreté de leur patrimoine, tirèrent encore de la Flandre la taille-douce, dont ils obtinrent le lustre de deux genres qu'ils surent traiter d'une manière originale : les portraits et les placards. Ils regardèrent d'un autre côté l'Italie, et glanant dans toutes les écoles qui s'y disputaient le domaine des maîtres, ils se firent un style moyen qu'ils relevèrent par l'esprit et la variété de leurs eaux-fortes ; dans ce style surgirent des types nationaux et des manières de graver plus riches et plus originales qu'on n'aurait pu les attendre des peintres qui firent école. La plus grande originalité leur vint cependant du lorrain Callot, et des dessinateurs qui exploitèrent comme lui les mœurs et le costume actuels, et montrèrent le XVIIe siècle dans ce qu'il avait de plus singulier, rivalisant avec les poètes satyriques et avec les pamphlétaires. Sans échapper tout à fait à l'imitation étrangère, l'art resta français comme la littérature, et tira de son propre fonds Saint-Igny et Bosse, comme en avait été tiré Regnier. Le moment vint bientôt où l'école put prendre dans la gravure au burin une place indépendante et glorieuse. Poussin l'avait dotée d'un style éclectique, supérieur par l'idéal à celui de Carrache ; Mellan, après Lasne, lui apporta un burin aussi singulier que magistral et expressif.

Ce progrès était accompli, notre école avait déjà fourni une carrière longue et féconde, lorsque MM. Lebrun, Errard, Bourdon, Testelin et autres, pour se soustraire aux abus de la Maîtrise et se distinguer des ouvriers qui y étaient mêlés aux peintres, obtinrent de la régente et de Mazarin un arrêt qui les autorisait à se séquestrer du corps de métiers et à se constituer en académie sur le plan des académies de Florence et de Rome. L'intention était bonne ; l'honneur, la liberté, le perfectionnement des arts étaient chaleureusement invoqués dans cette réforme ; un règne s'ouvrait plein de promesses pour les artistes : elles ne furent qu'en partie remplies. Avec des principes absolus pour méthode et un monarque assimilé au soleil pour inspirateur, on ne devait pas retrouver la sève et l'élévation des temps de la renaissance. L'art, à cette époque, se retrempait dans ce mélange des artistes et des ouvriers, qui excitait les plaintes des académiciens. Les maîtres graveurs, qui n'étaient le plus souvent que des ouvriers obscurs, n'en maniaient pas moins leur outil avec la plus grande distinction : ce seront dorénavant d'autres hommes. La gravure, partagée d'abord entre la Maîtrise et l'Académie, fut bientôt absorbée par celle-ci. Sous son patronage prospéra l'école célèbre des Poilly, des Drevet et des Audran ; ce furent des graveurs rompus à toutes les difficultés du métier, accomplis même dans toutes les pratiques de l'art ; mais ils se rendirent tributaires de la peinture. Ils ne firent plus que de la gravure de traduction. Ils appartiennent à un développement de types et de manières autre que celui où je m'étais proposé de chercher l'éclosion de la beauté moderne, dans toute l'originalité et la variété que la gravure avait su lui donner.

(Extrait des Mémoires de l'Académie des Sciences et Lettres de Montpellier.— Section des Lettres.)

ERRATA.

Les erreurs et les omissions qui pourraient être relevées dans les quatre parties de ce travail, commencé en 1859 et terminé en 1850, ne sont point toutes du fait de l'imprimeur. L'auteur, en poursuivant ses recherches, en a reconnu plusieurs, notamment dans la première partie, qui comprend le XV° siècle. Il se propose de les corriger dans un autre travail, qui aura pour principal objet l'histoire de l'origine et des progrès de la gravure au XV° siècle. Pour les autres parties, le lecteur voudra bien accepter les corrections suivantes :

XVI° SIÈCLE.   II. 3. SALVIATI : *Sa figure du châtiment*, *lisez* : *La figure du châtiment*.

—   V. 0. SANUTO : *après Vénus*, *lisez* : 1550.

—   VI. 4. VICO : *au lieu de cependant chez*, *lisez* : en effet chez Salamanca et chez.

—   VI. 8. LABACCO : *à la fin ajoutez* : On trouve son nom écrit en toutes lettres sur une estampe d'après Giotto, *la nef de saint Pierre que Zani a décrite*.

—   XV. 1. WILBORN : *après Westphalle*, *ajoutez* : élève d'Aldegrave.

—   XX. 2. FRANS FLORIS : Martinus de Petri, *supprimez de*.

—   XXVI. 4. MARC DUVAL : *au lieu de* P. Feddes de Harlinghem, peintre, *lisez* : P. Haeckx.

XVII° SIÈCLE.   V. 8. CALETTI : 1520 et 1519, *lisez* : 1620 et 1619.

—   IX. 8. RIBERA : presque, *lisez* : Jusque.

—   XVIII. 3. HOLLAR : sténographe, *lisez* : scénographe.

—   XX. 3. WIERIX : acquit, *lisez* : acquis.

—   XX. 4. CORN. GALLE : *floriny*, *lisez* : *floriny*.

—   XX. 5. G. DE JODE : 1507, *lisez* : 1597.

—   XXVII. 3. Note : Congé, *lisez* : Cangé.

—   XXXII. 2. FIRENS : reflet, *lisez* : reflets.

—   XXXIII. 4. Les noces, *ajoutez* : de Gombaut et de Macée ; la dernière de ces planches porte l'adresse : *à Lyon, chez Claude Savary, rue Mercière, à la Toison d'or*.

—   XXXIV. DUOBY : 1670, *lisez* : 1607.